Joseph Brucker

Die zwei Hauptparteien in den Vereinigten Staaten

Ihre Geschichte und ihre Lehre

Joseph Brucker

Die zwei Hauptparteien in den Vereinigten Staaten
Ihre Geschichte und ihre Lehre

ISBN/EAN: 9783743674288

Hergestellt in Europa, USA, Kanada, Australien, Japan

Cover: Foto ©Suzi / pixelio.de

Weitere Bücher finden Sie auf **www.hansebooks.com**

JK
2261
B88

LIBRARY OF CONGRESS.

Chap. JK226
Copyright No.
Shelf．D88

UNITED STATES OF AMERICA.

Die Zwei Hauptparteien
in den
Vereinigten Staaten.

Ihre Geschichte und ihre Lehre.

Eine historisch-kritische Darstellung

von

Joseph Brucker.

Milwaukee.
Druck und Verlag von Geo. Brumder,
1880.

Entered according to act of Congress, in the year 1879, by
JOSEPH BRUCKER,
In the Office of the Librarian of Congress at Washington, D. C.

Vorwort.

> Je weiter Du wirst aufwärts gehn
> Dein Blick wird immer allgemeiner,
> Ein desto größer's Theil wirst Du vom Ganzen sehn
> Und alles Einzelne immer kleiner!
>
> Goethe.

Seit mich der Fieberwahn eines politischen und sozialen Radikalismus und damit auch die Neigung, gegen Andersdenkende unduldsam zu sein, verlassen hat; seit ich aus einer fortwährend gereizten Stimmung herausgetreten und nicht mehr willens bin, mit zelotischem Eifer den Splitter selbst im Auge des Parteigenossen zu suchen; seit ich die Menschen und Verhältnisse um mich herum nehme, wie sie sind, und nicht, wie sie sein müßten, um ins System des Marx-Liebknecht'schen Patent-Sozialismus zu passen; seit ich nicht mehr von Wolkenkuckucksheim aus Welten konstruire, Throne und Altäre zertrümmere, Aufruhr und Bürgerkriege anzettle, sondern mich in der menschlichen Gesellschaft so gut es geht wohnlich einrichte, mich an den Erfolgen der Wissenschaft, an den Leistungen der Kunst und am allgemeinen Fortschritt auf allen Gebieten menschlicher Thätigkeit erfreue, mich über das Vergangene nicht gräme und für die Zukunft vorsehe; seit ich überhaupt angefangen habe, das Volk zu verstehen, das mich Fremdling aufgenommen und mir eine zweite, eine bessere Heimath bereitet hat; seit ich erst gar erkannt habe, daß es große nationale Aufgaben gibt, an deren Lösung Theil zu nehmen nicht blos jedes guten Bürgers Pflicht, sondern auch jedes strebsamen und fortschrittlich gesinnten Menschen Lust und Freude ist: seitdem bin ich wieder zur Arbeit und zum Schaffen aufgelegt, feste Ziele geben meinem Streben Richtung und Gehalt, ich glaube wieder an mich selbst und an die Menschheit.

Es gibt eine krankhafte Anschauungsweise, die überall nur Schatten, nirgends Licht, nur die Bäume, nicht den Wald, nur die Laster, nicht die Tugenden eines Menschen, nur die Schwächen, nicht die Kraft und das Gute einer Partei oder eines Volkes sehen kann. Andererseits wieder gibt es Leute, welche vom optimistischen Taumel befallen, in Allem nur Lobenswerthes und Preiswürdiges finden. Das normale Auge wird das Gesammtbild erfassen und das Urtheil vor Einseitigkeiten bewahren.

Die Aufgabe, die ich mir in dieser Schrift gestellt habe, läßt weder eine abschließende noch eine erschöpfende Darstellung zu; diese wird erst dem Geschichtsforscher der fernen Zukunft gelingen, der das schwierige Problem mit jener Ruhe und Objektivität behandeln wird, die uns Mitstreitern im Kampfe noch mangelt.

Wenn ich trotzdem den Versuch einer Darstellung wage, so thue ich dies mit der zagen Bescheidenheit eines Forschers, den zwar ein innerer Impuls antreibt vorwärts zu gehen, der aber auch seiner Schwächen sich wohl bewußt ist.

Erreiche ich dabei auch meinen Zweck, die Geschichte und den Charakter der beiden Hauptparteien anschaulich darzustellen, nur unvollständig, gelingt es mir aber meine Mitbürger anzuregen, daß sie der Geschichte unseres Volkes größere Aufmerksamkeit schenken, als sie bisher für nöthig gehalten, und den Parteien ein höheres Interesse zuwenden, als sie dieselben für würdig gehalten haben; dann soll mir dies nicht nur hinreichende Befriedigung gewähren, sondern zugleich ein Sporn sein, auf diesem Gebiete weiter zu forschen und mit theilzunehmen am nationalen Einigungswerke, dessen Grundmauern bereits von den Besten unseres Volkes gelegt sind.

Milwaukee, im November 1879.

Jos. Brucker.

I.

Jedes Volk, jede politische, religiöse und soziale Organisation entwickelt sich nach bestimmten Gesetzen, die zu erkennen die höchste Aufgabe der Geschichtsforschung ausmacht. Jedes Volk ist gleichsam ein Individuum in der Völkerfamilie; es entsteht, erreicht eine höchste Entwicklung und verkümmert wieder; es hat seine Kindheit, seine strebsame Jugendzeit, sein Mannesalter voll reifer Thatkraft und wird schließlich zum Greise, matt und siech. Jedes Volk sucht, wenn es herangereift ist, etwas vorzustellen in der Welt: theils tritt es im friedlichen Wettkampf auf, um sich auf dem Gebiete der Kunst und Wissenschaft, der Industrie und des Handels, des Ackerbaus und der Gewerbe hervorzuthun, theils greift es zum Schwerte und verdrängt den schwächeren Rivalen.

Dieser Prozeß des Werdens und Vergehens muß eine Ursache haben. Die jeweiligen Erscheinungen im Leben eines Volkes sind Glieder einer Kausalreihe, deren Ursprung und Ende zwar ins Unendliche verlaufen und sich daher aller menschlichen Berechnung entziehen, deren historischer Theil jedoch in seinem Zusammenhange begriffen werden kann. Indem wir nun solche durch die Geschichtswissenschaft uns nahe gerückten Lebensperioden eines Volkes mit denjenigen anderer Völker vergleichen, finden wir, daß auch hier, wie überall in der Natur, ähnlichen Erscheinungen ähnliche Ursachen zu Grunde liegen. Wir können daher bestimmen, ob sich ein Volk in einer gewissen Zeitperiode im Aufblühen oder im Niedergange befindet, und sind auch im Stande, aus den gegenwärtigen politischen Verhältnissen eines Volkes ein Bild der wahrscheinlichen Entwicklung in der Zukunft zu entwerfen.

In jedem Volke sind zwei Energien thätig, welche den Entwicklungsgang bestimmen. Die eine ist die neubildende, schöpferische oder zeugende Energie, oder Energie der Bewegung; die andere die empfangende, konservirende Energie, oder Energie der Lage. Schon die ursprüngliche Stammesbildung, oder wenn wir den einfachsten gesellschaftlichen Verband,

die Familie, ins Auge fassen, weist diese beiden Energien auf. Jed．
Energie löst sich in Arbeit aus und ist vergänglich.
Der Mensch wird geboren und stirbt, die Pflanze entsteht und vergeht, der Krystall bildet sich und zerfällt wieder in Staub, Staaten werden aufgebaut und wieder zerstört, ja selbst Völker gehen unter. Wer erst von der Wahrheit des Dichterwortes überzeugt ist, daß Alles, was entsteht, werth ist, daß es zu Grunde geht; wer einmal begriffen hat, daß die Geburt jeglicher Daseinsform der erste Schritt zu ihrem einstigen Vergehen ist; daß in der Welt der Erscheinung ein stillstandloses Verändern stattfindet; daß wohin wir blicken mögen, ob wir mit dem Fernrohr den Weltraum durchforschen oder mit dem Mikroskope das Kleinste untersuchen, wir überall nur die verschiedenen Daseinsstufen der Formbildung und Formlösung, Kindheit, Reife und Alter, Geburt und Tod erblicken; daß davon nicht nur kein Ding dieser Erde, sondern auch diese selbst und mit ihr Sonne, Mond und Sterne nicht ausgenommen sind; wer sich zu dieser Erkenntniß durchgearbeitet hat: Der wird das Wort Göthe's begreifen

„Nach ewigen ehernen
Großen Gesetzen
Müssen wir Alle
Unseres Daseins
Kreise vollenden."

Die politischen Energien eines Volkes äußern sich in der Form von Parteien. Eine Partei ist eine Vereinigung von Menschen zu gemeinsamer Verfolgung eines bestimmten Zweckes im politischen, kirchlichen oder sozialen Leben. Parteien entstehen daher, wenn Menschen von annähernd gleichen Anschauungen, Wünschen und Strebezielen zum Zwecke gemeinsamer Thaten sich verbinden, also ihre Einzelwillen zum Gesammtwillen anschwellen lassen, ihre Energien vereinigen, um eine größere Arbeit verrichten zu können.

Da ein jeder Mensch, mag sein geistiger Horizont auch noch so beschränkt sein, eine bestimmte Welt- und Lebensanschauung hat, die sich in gewissen Lebensperioden ändert, und weil jeder Mensch Wünsche, Hoffnungen, Begierden und Leidenschaften hat, die er zu erfüllen, zu befriedigen sucht; so nimmt sein dadurch bedingter Wille eine gewisse Richtung an, die sich in seinen Worten und Handlungen auch anderen Menschen offenbart. Politische Parteien sind daher Vereinigungen solcher Menschen, deren Energien nach derselben Richtung hin wirken.

Die Stärke oder Arbeitsleistung einer Partei wird daher abhängen: 1. von der Masse der vereinigten Individuen, 2. von der Macht der Energie, mit welcher die Partei-Zwecke angestrebt werden, und 3. von der Wider-

ſtandsfähigkeit der Gegner. Eine Flintenkugel wird z. B. ein Brett durch=
bohren, aber an einer Stahlplatte breitgeſchlagen werden und wirkungslos zu
Boden fallen. Verſtärkt man jedoch die Maſſe und Widerſtandsfähigkeit
der Kugel und ihre Geſchwindigkeit (Energie), dann vermag ſie ſelbſt eine
Stahlplatte zu durchbohren.

Parteien werden ſich daher zu ſtärken ſuchen, indem ſie durch Wort,
Schrift und That agitiren, d. h. die Anſchauungen der Menſchen in ihrem
Sinne umzugeſtalten und die damit zuſammenhängenden Bedürfniſſe,
Wünſche und Leidenſchaften zu wecken ſuchen, um nicht nur die Maſſe zu
vermehren (einfache Bekehrung), ſondern auch die Energie zu ſtärken
(Fanatiſirung). Was bei dem Einen durch ruhige, logiſch aneinander=
gereihte Argumente erreicht wird, thut beim Andern eine feurige Rede voll
prickelnder Phraſen und packender Schlagwörter. Das ungeheure Anſchwel=
len der ſozial=demokratiſchen Partei in Deutſchland z. B. iſt, von den na=
türlichen Urſachen: Druck von Oben und Elend nach Unten, abgeſehen, der
meiſterhaft geführten Agitation zuzuſchreiben, die den Macchiavellismus
populariſirt hat. Parteien giebt es in jeder organiſirten Geſellſchaft, ja
ſelbſt innerhalb der Parteien giebt es wieder Fraktionen, wie innerhalb der
Kirchen die Sekten, innerhalb der Vereine die Cliquen.

Den beiden Haupt=Energien, welche den Entwicklungsgang eines Vol=
kes beſtimmen, entſprechend, giebt es in jedem Volke zwei H a u p t = P a r =
t e i e n, mögen dieſe nun was immer für einen Namen tragen. Zwiſchen
dieſe beiden Parteien, deren extreme Flügel am weiteſten von einander
abſtehen, ſchieben ſich zuweilen Kompromiß=Parteien ein, ſtets aber ſteht
zwiſchen ihnen jene große indifferente Menge, welche, wie die Puffer an
den Eiſenbahnwagen, den allzuharten Zuſammenſtoß mildert. Sind die
Parteien ſcharf in ihren Prinzipien=Erklärungen und vehement in ihrem
Vorgehen, dann haben die Extremiſten die Leitung der Parteiangelegen=
heiten in Händen und ein offener Konflikt iſt im Anzuge. Parteien, welche
ſich vornehmen, unvereinbare Gegenſätze auszugleichen, entgegengeſetzte Inter=
eſſen verſöhnen zu wollen, werden ſtets erfolglos bleiben und bei ihrer Auf=
löſung die Elemente an jene Parteien zurückerſtatten, von denen ſie genom=
men waren.

Wenn auch die zeugende oder formbildende Energie den erſten Anſtoß
zu einer Gruppirung von menſchlichen Gemeinweſen giebt, die nach Sprache,
Sitte und Gewohnheiten einander angehören, ſo übt in dieſen erſten
Stadien des n a t i o n a l e n Geſtaltungsprozeſſes die konſervirende Ener=
gie doch noch den dominirenden Einfluß aus, gleichwie die Mutter noch
lange nach der Geburt des Kindes deſſen Lebensgang leitet. Erſt in ſpäte=

ren Perioden, wenn die nationale Energie ins Alter der Reife gelangt ist und schaffend auftritt, verliert die konservirende Energie Kraft und Einfluß. Aber auch die zeugende oder formbildende Energie erlischt wieder, wenn im Volke keine latenten Kräfte mehr zu wecken sind. Schon in der Periode des nun eintretenden Stillstandes, aber noch mehr sobald sich die ersten Spuren des Verfalls zeigen, gewinnt die konservirende Energie wieder an Bedeutung und der Kreislauf ist vollendet.

II.

Seward hat einst gesagt: "The United States *is* a Nation." Er hat damit seinen Herzenswunsch ausgedrückt, aber schon die Vergewaltigung der Sprache kennzeichnet den begangenen Irrthum   Sowie wir aber statt des Wörtchens "is" zwei andere einschalten, z. B. "will be" oder "shall be", so daß der Satz lautet: "The United States will be (shall be) a nation," dann ist er grammatikalisch und auch historisch richtig. Um diese sieben Worte nun dreht sich der Kampf der beiden wichtigsten politischen Energien dieses Landes. Auf der einen Seite steht die Partei, welche diesen Satz zur Wirklichkeit machen will, auf der andern die Partei, deren Energie dahin strebt seine Verwirklichung zu verhindern. Die Vereinigten Staaten waren noch nie eine Nation; sie sind bis zum heutigen Tage ein Völker- und Staatenkonglomerat und die Landeskonstitution sanktionirt den Partikularismus.

Wie das so gekommen ist, und weßhalb es nicht dabei bleiben kann, darüber müssen wir uns in der Geschichte die erwünschte Aufklärung holen.

Die Entdeckung Amerikas und die Reformation gaben den Anstoß, daß sich in England und später auch in Holland, in der Pfalz und den Rhein hinauf bis in die schweizer Alpen hinein europamüde und des Religionshaders überdrüssige Leute zusammenschaarten, ihre liegende Habe verkauften und sich zur Auswanderung nach den östlichen Gestaden dieses weiten Kontinents rüsteten, um neue Pflanzstätten menschlicher Kultur zu gründen. So entstanden, theils durch Ansiedlungskompagnien, theils durch Landschenkungen an einzelne Gründer, die Kolonien, welche politisch wie kirchlich verschiedenartig organisirt waren und auch nur wenig Verkehr untereinander pflegten. Erst das Vorgehen des englischen Parlaments, das den Kolonisten die Stempelsteuer auferlegen und den Theezoll aufbürden wollte, ohne ihnen das Recht der Repräsentation zu gestatten, näherte die Kolonien einander und erweckte in ihnen das Gefühl einer gewissen Solidarität ihrer Interessen. Sie beschickten einen gemeinsamen Kongreß zu Philadelphia und

dieſer ſah ſich ſchließlich gezwungen, im Jahre 1776 die Unabhängigkeits=
Erklärung zu erlaſſen und eine Armee gegen die Engländer ins Feld zu
ſtellen. Im Jahre 1781, alſo während des Krieges und nur durch die
äußerſte Noth gezwungen, bildeten die Staaten eine Konföderation, eine
Art Bund, in welchem jedoch die Generalregierung ſozuſagen gar keine
Macht hatte. Sie konnte wohl Schulden machen, hatte aber keine Befug=
niſſe, ſie zu bezahlen. Das wollten die Staaten beſorgen. Alles, was die
Zentral=Regierung thun konnte, war, die Staaten zu ermahnen (!), ihre
Schulden zu bezahlen. Die Staaten hatten aber ſelbſt viele Schulden, und
in einigen derſelben, wie z. B. in Maſſachuſetts, war es vorgekommen, daß
ſich die Bürger der Eintreibung von Steuern mit Gewalt widerſetzten.
Daher hatte die General=Regierung keinen Kredit nach Außen, weil ſie von
Innen keine Unterſtützung fand. Sie durfte auch keine Geſetze erlaſſen,
welche den Handel betrafen, kurzum, ſie war nach jeder Richtung hin lahm=
gelegt. Dabei waren die Staaten ſo ſehr mit ihren ſektionellen Angelegen=
heiten beſchäftigt, daß es die größten Schwierigkeiten machte, im Kongreſſe
das nöthige Quorum zuſammenzubringen, um überhaupt Geſchäfte erledigen
zu können. Im Jahre 1784, alſo ein Jahr nach dem Friedensſchluſſe mit
England, wurde die Armee der Vereinigten Staaten auf 84 Mann reduzirt
und der Zentral=Regierung ſtand kein legaler Weg offen, auch nur dieſe
paar Mann zu unterhalten. Endlich ſtellte ſich eine allgemeine Unzufrie=
denheit ein, und man gab zu, daß auf ſolche Weiſe nicht fortgewirthſchaftet
werden konnte.

Deßhalb kam im Mai 1787 zu Philadelphia die Konſtitutions=Kon=
vention zuſammen, deren Zweck darin beſtand, dieſer inneren Zerfahrenheit
ein Ende zu machen und ein ſtärkeres Band um die Staaten zu ſchlingen.
Anſtatt aber der Solidaritäts=Idee gemäß den inneren Ausbau ins Werk zu
ſetzen, die politiſche Verwaltung zu ordnen und dem Lande eine Konſti=
tution zu geben, die breit und ſtark genug geweſen wäre, auf ihr ein mäch=
tiges, einheitlich organiſirtes Staatsweſen aufzubauen, trat der alte Sek=
tengeiſt, das Sonderintereſſe, die Eiferſucht und die Abneigung gegen jede
Zentral=Gewalt mit ſolchem Ungeſtüm hervor, daß nach hitzigen Debatten,
während deren die Delegaten oft mit Niederlegung ihrer Mandate und mit
Sezeſſion ihrer Staaten drohten, ſchließlich eine Konſtitution angenommen
wurde, die zwar der Zentral=Regierung mehr Rechte einräumte als die
Konföderations=Artikel, aber im Prinzipe daran nichts änderte, daß
jeder Staat ſeine Souveränität behauptete. „Soll denn das Geſchöpf mehr
Gewalt haben als der Schöpfer, die Zentral=Regierung über den Staaten=
Regierungen ſtehen?" frug man ſich, und als Antwort darauf machte man

die Bundesregierung so schwach und hinfällig wie nur möglich. Noch im Jahre 1788 bildete die Konstitution, obwohl sie bereits von einer Mehrheit der Staaten angenommen war, den Zankapfel, und die übrigen Staaten, wie New York oder Massachusetts, wurden erst durch die Alternative, entweder in den für sie so sauren Apfel zu beißen oder sich, weil der Konstitutions-Konvent schon aufgelöst war, zu trennen und gesonderte Staatswesen zu bilden, zur Annahme der Konstitution veranlaßt, welche, wie John Quincy Adams mit Recht bemerkt, „einem widerstrebenden Volke durch die zermalmende Nothwendigkeit abgerungen worden ist."

Die Verfassung wurde in New York mit 30 gegen 27, in Massachusetts mit 187 gegen 168, in Virginia mit 89 gegen 79 Stimmen, in North Carolina erst Ende 1789 und in Rhode Island gar Mitte 1790, also ein Jahr nach der Inauguration Washington's, angenommen. Nur der zähen Energie von Männern wie Hamilton, Washington, Adams, Madison, Franklin u. s. w., die klar erkannt hatten, daß eine Regierung ohne Machtbefugnisse ein Unding, ohne Autorität nach Außen wie nach Innen sei, verdankt das Land eine Konstitution, die, mochte sie noch so mangelhaft sein und unvereinbare Gegensätze aneinander ketten, doch die Basis für unsere heutige Macht und Größe geschaffen und der nationalen Energie die Stätte bereitet hat, auf der sie wachsen und gedeihen konnte. Die Verfassung war das Stückchen Boden, das die Nationalen im Kampfe mit den Partikularisten gewannen, groß genug, daß das Bäumchen Wurzel schlagen konnte, um dessen markigen Stamm und unter dessen gewaltiger Laubkrone heute achtunddreißig Staaten und 45 Millionen Menschen lagern, die sich zur mächtigen Nation entwickeln. Unsere Verfassung muß als ein Kompromiß zwischen der nationalen und antinationalen Energie betrachtet werden, als eine Konzession des damals übermächtigen Dezentralismus und Partikularismus an das zentralisirende Prinzip, und wenn wir ferner bedenken, welchen harten Kampf es gekostet hat, ehe die Verfassung zu Stande kam und bevor sie von allen Staaten ratifizirt war, dann sind wir auch berechtigt, sie als die beste Errungenschaft anzusehen, die zu jener Zeit und unter jenen Verhältnissen die nationale Energie erlangen konnte.

Die Föderalisten, wie sich damals die national Gesinnten nannten, hatten mit ihren schönen Deklamationen und abstrakt logischen Erörterungen einen harten Stand gegenüber den Partikularisten, welche die Sonderenergie der einzelnen Staaten, den von der Kolonialperiode herübergebrachten Absonderungstrieb, also in den realen Verhältnissen wurzelnde Interessen vertraten und eine allgemein verbreitete, geradezu lächerliche

Furcht vor allen nur im geringsten auf Zentralisation gerichteten politischen Bestrebungen in den Debatten recht grell hervorkehrten und damit großen Anklang bei den Volksmassen fanden. Diesen war sozusagen jede Obrigkeit verhaßt, und der Unabhängigkeitssinn, welcher sich überall stark entwickelt, wo der Mensch auf die eigene Kraft angewiesen ist, wie es die Kolonisten im Kampfe mit der Natur und den Indianern und später gegen das Mutterland waren, sympathisirte mit jenen atomisirenden Staatstheorien, die damals von Frankreich ausströmten und von den Dezentralisten mit Vorliebe verkündigt wurden. J e f f e r s o n stand an der Spitze dieser „republikanischen" Bestrebungen, wie man sie damals nannte, die systematisch darauf hinarbeiteten, das Volk zu dem Glauben zu erziehen, daß die Freiheit nur unter einer machtlosen Zentral-Regierung gedeihen könne. Und Jefferson und seine Schüler hatten nicht nur das Common Law mit seinen Grundsätzen der Gemeindefreiheit und Selbstverwaltung, also Rechtsanschauungen auf ihrer Seite, die im englischen Volke tief eingewurzelt sind, sondern sie konnten auch durch zahlreiche geschichtliche Beispiele erläutern, daß jede Zentral-Regierung wachse und erstarke, immer mehr Gewalten an sich reiße und die Monarchie vorbereite.

Die Freiheit, wie sie Jefferson geträumt hat, und wie sie noch heute alle Radikalen herbeisehnen, denen die Doktrinen der französischen Revolutions-Phantasten die Sinne umnebeln, läßt sich nicht organisiren. Daher sind die Anarchisten die konsequentesten Freiheitsbolde. Wo Organismus ist, herrscht nicht jene atomistische Freiheit, wie sie jene anstreben, sondern da ist Jegliches an seinem Platze; es ist an Gesetze gebunden und dient sich selbst nur, indem es dem Ganzen dient. Wer also einen Staat will, der Etwas vorstellt in der Welt, kein wesenloses Schemen ist, sondern pulsirendes Leben aufweist und über Energien gebietet, die Etwas leisten und schaffen können; der muß sich, mag er was immer für einem Volke oder Staatswesen angehören, jener Partei anschließen, welche den nationalen Gedanken vertritt, die Zentralisation anstrebt und das Volk zu gemeinnützigen Thaten anspornt. Die demokratischen Wortführer waren klug genug zu wissen, daß es so ganz ohne Form und Organisation nicht gehen konnte, und sie machten daher an die Föderalisten Konzessionen, sorgten aber auch zugleich dafür, daß die Verfassung, welche den Staaten kein Hinderniß in den Weg legte, auf ihrer Souveränetät zu bestehen, und den Sonderbestrebungen dienlicher war denn einer nationalen Wirksamkeit, als ein wahres Palladium der Freiheit, als eine Art heiliges Vermächtniß der „Väter der Republik", ja überhaupt als die beste der Verfassungen aller Völker und Zeiten angesehen und Jeder als Feind betrachtet werde, der sich erkühnte, ihre Vollkommenheit in Zweifel zu ziehen oder gar an ihren Grundgesetzen zu rütteln.

Wer sich auf den Standpunkt stellt, daß die Handlungen eines Menschen die Aeußerungen seines Willens sind, dessen Kraft und Richtung durch bedingende Faktoren, die theils in ihm selbst, theils außer ihm liegen, bestimmt werden; wer ferner der Ansicht ist, daß das Arbeitsprodukt der auf ein und denselben Gegenstand gerichteten Energien verschiedener Parteien gleichfalls das unter solchen Umständen allein E r r e i c h b a r e darstellt; der wird unnütze Fragen, wie: Weßhalb haben die Väter der Republik dem Lande keine bessere Verfassung gegeben? Weßhalb haben sie die Sklaverei nicht im ganzen Gebiete der Union verboten? Warum haben sie keine stärkere Zentral=Regierung geschaffen? gar nicht stellen, sondern sich bei dem Gedanken beruhigen, daß man das Erreichbare verwirklicht hat. Unsere Konstitution ist somit ein Kompromiß zwischen der Einheit und dem Partikularismus, der National=Souveränetät mit der Staaten=Souveränetät. Dieser Kompromiß trägt aber das Gepräge der stärksten Energie an sich, nämlich der Energie des Partikularismus; denn die Verfassung ließ den Staaten ihre Souveränetät, sie duldete die Sklaverei, schuf ein Zweikammersystem, damit im Senate die Staatenrechte besonders geschützt würden, und umklammerte den nationalen Geist mit dem vom Sonderinteresse diktirten Buchstaben, so daß er über ein halbes Jahrhundert in ihr schlummerte wie Dornröschen im Schlosse, und erst erwachte, als ihn der junge nationale Held, nachdem ihm die Whigs und Freesoilers den Weg durchs Gestrüpp gebahnt, aus dem Schlafe und dadurch die Union zu neuem Leben küßte.

Daß unter so bewandten Umständen die Verfassung nicht nur nicht im Stande war, den Streit zwischen den zwei Hauptrichtungen auszusöhnen, sondern ihn bei jeder sich darbietenden Gelegenheit immer wieder von Neuem anfachen mußte, ist begreiflich. Indem die Vertreter beider Hauptrichtungen aus der Konstitution herauskonstruiren konnten, was ihnen beliebte und dabei hart an die Grenze zu gehen vermochten, hinter welcher die Auflösung des Bundes lag, so blieb der Konflikt ein stets drohender, ja er verschärfte sich um so mehr, je mehr sich die Interessen der zwei hauptsächlichsten Landestheile, des Nordens und Südens, trennten, je mehr sich der Norden zum Gebiet der freien Arbeit und der Industrie, welche nationalen Schutz suchten, entwickelte, der Süden hingegen die Sklaverei zu einem integrirenden Bestandtheil seiner Lebensanschauungen und Institutionen machte und in der Plantagenwirthschaft sowohl wie im Freihandel sein wirthschaftliches Heil erblickte.

Schon während der Administration Washington's, welcher, um die politischen Gegensätze zu versöhnen, also dem Konstitutions-Kompromiß eine sichtbare Gestalt zu geben, den national gesinnten Hamilton zum Schatzamts-Sekretär und den Partikularisten Jefferson zum Staats-Sekretär ernannte, fand die Finanzpolitik Hamiltons (Funding Act and Assumption Bill), die darauf gerichtet war, den Krebit der Nation nach Außen herzustellen und der Zentral-Regierung die zur Verwaltung nöthigen Gelder zuzuführen, von Seiten der Partikularisten die heftigste Opposition, und als Hamilton nun gar noch mit seinen Accisegesetzen hervortrat, kam es in West-Pennsylvania zu einem offenen Aufstande, gegen den Washington die Milizen aufbieten mußte. Was wunder, daß das Volk in so offensiver Weise gegen die Regierung vorging, wenn sich sogar das Kabinetsmitglied Jefferson nicht scheute, zu erklären, daß das Besteuerungs-System Hamiltons aus freiheitsfeindlichen Prinzipien entspringe und die Verfassung gefährde.

Die Jahre des Friedens, die das Land unter Präsident Washington genoß, und die gesunde Finanzpolitik Hamiltons hatten zur Folge, daß sich alle Staaten großer Prosperität erfreuten, daß die Mehrheit des Volkes mit der Administration und der politischen Lage zufrieden war, und daß das Parteigezänke viel von seiner früheren Bitterkeit verlor. Freilich fehlte es auch in dieser Periode nicht an Anlässen, den Parteihader zu schüren. Besonders war es der französische Gesandte Genet, dessen indiskretes, allerdings durch eine allzu offen von Seiten Jeffersons und der meisten Demokraten zur Schau getragene Frankomanie provozirtes Auftreten, die Vereinigten Staaten in eine schiefe Stellung England gegenüber drängte und der Administration ernstliche Ungelegenheiten bereitete, auch Veranlassung war, daß England durch ein Dekret vom 6. November 1793, welches den neutralen Mächten allen Handel mit den französischen Kolonien untersagte, den amerikanischen Handel empfindlich schädigte. Daraufhin sah sich der Kongreß im Frühjahr 1794 genöthigt, ein Embargo von 30 Tagen zu verordnen und nach Ablauf dieser Frist die Hafensperre um weitere 30 Tage zu verlängern. Fast schien es, als ob es zum Kriege mit England kommen sollte, aber dank der staatsmännischen Mäßigung, mit der der Gesandte, Oberrichter Jay, in London operirte, wurden die Differenzen friedlich ausgeglichen. Der neue Vertrag mit England fand jedoch in den Augen der Demokraten keine Gnade. Sie, die dem Partikularismus huldigten und bei jeder ihnen mißliebigen Aktion der Zentral-Regierung mit Zertrümmerung der Union drohten, waren nun auf einmal voll Nationalgefühl, beschuldigten die Föderalisten des Verraths und hielten die Ehre der Nation für gefährdet. Madison gar stempelte die Föderalisten zur

„britischen Partei", welche „die heiligsten Gebote der nationalen Ehre geopfert" habe, und Jefferson nannte den ebenso patriotischen wie gelehrten Oberrichter Jay indirekt einen „Spitzbuben". Also auch schon die „Väter der Republik" warfen sich zuweilen höchst unzarte Ausdrücke an den Kopf.

Während die Neuenglandstaaten, deren wirthschaftliche Interessen den Frieden mit England gebieterisch verlangten, zu Gunsten des Vertrages waren, stemmte sich der gesammte Süden gegen denselben. Schon damals also zeigte sich die geographische Scheidung in Nord und Süd ganz deutlich, eine Scheidung, die im Laufe der Jahrzehnte so verhängnißvoll für die Union geworden ist.

Der Standpunkt der Föderalisten blieb schließlich der maßgebende, dank den wuchtigen Schwerthieben, die Alexander Hamilton als „Camillus" austheilte, aber selbst Washington nannte den Streit wegen des Vertrags mit England die schwerste und bedenklichste Krisis seiner Administration.

Als Washington, der von keiner Partei, sondern vom ganzen Volke erwählt worden war, von der Präsidentschaft zurücktrat, brachen die Parteileidenschaften mit ungewöhnlicher Gewalt hervor, einerseits, weil sich die Parteien schärfer von einander geschieden hatten, andrerseits, weil die Föderalisten zwar im Stande waren, John Adams zum Präsidenten zu erwählen, aber in Folge von Meinungsverschiedenheiten der Führer nicht verhindern konnten, daß Thomas Jefferson Vizepräsident wurde. Es konnte den Föderalisten nicht verborgen bleiben, daß die Tage ihrer Herrschaft gezählt waren, daß die Masse Derjenigen, welche an der Verfassung, am Rechte, wie es gegeben war, festhielten, an Zahl sich fortwährend mehrte und an Einfluß zunahm, während in ihren eigenen Reihen Uneinigkeit herrschte und selbst die Führer über die zunächst einzuschlagenden Schritte nicht im Klaren waren, daher ihre Energie zersplitterten. Das Volk, besonders die Masse der zwischen den Parteien oszillirenden Indifferenten, war überdies des Parteihaders satt; es wollte Ruhe haben und die Segnungen des Friedens genießen, und weil es diese Ruhe eher durch die demokratische Auffassung der politischen Verhältnisse gesichert glaubte, erstarkte die demokratische Partei von Tag zu Tag. Auch die neuen Verwicklungen mit Frankreich, welches in Folge des Vertrags mit England den amerikanischen Gesandten Charles C. Pinckney abgewiesen und ein Dekret erlassen hatte, das den amerikanischen Handel empfindlich schädigte, verleiteten die föderalistische Partei zu Schritten, die ihr zum Verderben gereichten. Außer den neuen Steuern, welche die Administration wegen des drohenden Krieges mit Frankreich ausschrieb, um die Kosten der Vertheidigung zu decken, waren es ganz besonders die sogenannten **Fremden- und Aufruhrgesetze** (Alien and Sedition-Laws), welche den Ruin der Partei beschleunigten. Um nämlich den im Lande wühlenden Fremden beikommen zu können, wurde auf Betreiben hervorragender Föderalisten ein Gesetz erlassen, welches dem Präsidenten das Recht verlieh, jeden Fremden, der das Gemeinwohl gefährdete, aus dem Lande zu weisen; ferner wurde, um die Administration gegen gänzlich ungerechtfertigte und gehässige Angriffe zu schützen, gesetzlich bestimmt, daß jede Person, welche den Präsidenten oder den Kongreß in malitiöser Weise durch Publikationen angriff, mit einer Geld- oder Freiheitsstrafe belegt werden konnte. Uebrigens sollten hierbei nur die Grundgesetze des Common Law über „Libel" in Anwendung kommen, so daß also der Angeklagte, wenn er den Wahrheitsbeweis führen konnte, als gerechtfertigt zu betrachten war. Damals wurden in den Vereinigten Staaten ungefähr 200 Zeitungen gedruckt, von denen 178 oder 180 der Administration günstig gesinnt waren. Die übrigen opponirten fast allen Maßnahmen der Regierung, und der größte Theil dieser Blätter stand unter der Kontrolle von Fremden.

Diese Gesetze waren Wasser auf die demokratische Mühle, die nun, angeregt durch den allgemeinen Unwillen, der sich im ganzen Lande gegen solche „**Gesetze einer tyrannischen Regierung**" erhob, laut zu klappern begann. Man hielt den Zeitpunkt für passend, eine Prinzipien-Erklärung zu erlassen, in welcher die demokratischen Ansichten über die Konstitution und die Machtbefugnisse der Zentral-Regierung, sowie über deren Verhältniß zu den Staatsregierungen ein- für allemal festgestellt werden sollten. Das führte zu den berüchtigten **Virginia- und Kentucky-Beschlüssen**, in welchen die Lehre von der **Nullifikation** einen so eklatanten Ausdruck fand.

Heißt es doch in der von Jefferson verfaßten Kentucky-Resolution vom 10. November 1798, Punkt 1: „Beschlossen, daß die verschiedenen Staaten, welche die Vereinigten Staaten bilden, nicht auf das Prinzip einer unbegrenzten Unterwürfigkeit unter die General-Regierung hin vereinigt sind, sondern daß durch einen Vertrag unter der Form und dem Titel einer Konstitution für die Vereinigten Staaten und zugehöriger Amendements sie eine General-Regierung für spezielle Zwecke gebildet und diese Regierung mit gewissen, genau bestimmten Machtvollkommenheiten bekleidet, dabei aber jedem Staate für sich die übrige Masse von Rechten seiner eigenen Selbstregierung vorbehalten haben, und daß, wenn immer die Bundesregierung sich nicht übertragene Gewalten **anmaßt**, ihre Handlungen **nicht bindend, ungiltig und ohne Kraft** sind; daß jeder Staat diesem

Vertrage als Staat und als ein ungetheilter (integral) Parte beitrat, daß die durch diesen Vertrag geschaffene Regierung nicht zum ausschließlichen oder letzten Richter über die Ausdehnung der Gewalten gemacht worden ist, welche ihr übertragen sind, weil das ihre Willkür (discretion) zum Maße ihrer Gewalten gemacht haben würde, sondern daß, wie in allen anderen Fällen eines Vertrages zwischen Gewalten, die keinen gemeinschaftlichen Richter haben, jeder Theil ein gleiches Recht hat, für sich selbst zu richten, sowohl was die Vertragsverletzungen, als auch was die Weise und das Maß der Abhilfe anbelangt." Und am 14. November 1799 setzte die Legislatur von Kentucky hinzu: „Beschlossen, daß ...... die verschiedenen Staaten ...... da sie souverän und unabhängig sind, das unbestrittene Recht haben, über Verfassungsverletzungen zu richten, und daß eine Nullifikation der angeblich in Gemäßheit dieser Urkunde (der Konstitution) vollzogenen autorisirten Akte durch diese souveränen Gewalten (die Staaten) das rechtmäßige Abhilfsmittel ist."

Diese Resolutionen (die Virginia-Beschlüsse, von Madison inspirirt, waren weniger scharf, aber im Geiste dieselben) bilden den Eckstein zum Glaubensbekenntniß der demokratischen Partei. Alles, was später zu Gunsten der staatlichen Sonderinteressen im Namen der Freiheit vorgebracht wurde, stützte sich auf dieses Credo der Staatenrechts-Theorie. Daß sich die Föderalisten mit ihren Fremden- und Aufruhrgesetzen einen verfassungswidrigen Schritt erlaubt hatten, ist schon längst unzweifelhaft festgestellt, obwohl damals selbst so scharfsinnige Denker und besonnene Staatsmänner wie Hamilton nichts Verfassungswidriges in dem Schritte sahen. Vermochten auch die Erklärungen der Legislaturen von Virginia und Kentucky nichts an den bestehenden Verhältnissen zu ändern, weil sie nur einen deklatorischen Charakter hatten, so war man sich von Seiten ihrer Verfasser doch klar bewußt, daß sie, einmal ausgesprochen, ihre Wirkung nicht verfehlen und bei wiederkehrenden Anlässen und Konflikten mit der zentralistischen Bewegung als Richtschnur dienen würden, wie solches in der Folge leider nur zu oft der Fall war. So schrieb z. B. Jefferson am 17. November 1798 an Madison: „Ich schließe eine Abschrift des Entwurfes der Kentucky-Resolutionen ein. Ich denke, wir sollten alle die wichtigen Prinzipien, welche sie enthalten, deutlich aufstellen, so daß wir in Zukunft auf diesem Grunde stehen bleiben können, und die Sache in solchem Zuge lassen, daß wir uns nicht absolut binden, sie bis zum Aeußersten zu treiben, und doch frei sind, sie so weit zu treiben,

als die Ereignisse klug erscheinen lassen werden."
Neun Tage später schrieb derselbe an J. Taylor: „Für jetzt würde ich
dafür sein, die Fremden- und Aufruhrgesetze für verfassungswidrig und
einfach nichtig (merely void) zu erklären...... und ich würde in
diesem Augenblicke nichts thun, was uns weiter binden (commit) würde,
sondern uns vorbehalten, unsere zukünftigen Maßnahmen oder Nicht-
Maßnahmen nach den Ereignissen zu formen, die Statt haben mögen."

Wie weit man sich damals bereits in williger Nachfolge solcher Doktrinen hinreißen ließ, geht aus einem Briefe Hamilton's an Oberst Dayton,
den Sprecher des Repräsentantenhauses, hervor. Hamilton berührt in seinem Schreiben die Lage der Union im Allgemeinen und kommt dann
auch auf die Virginia- und Kentucky-Resolutionen zu sprechen, über welche
er sich wie folgt äußert:

„Der neuliche Versuch von Virginia und Kentucky, die Staatslegislaturen zu einem direkten Widerstande gegen gewisse Gesetze der Union zu
vereinigen, kann in keinem anderen Lichte gesehen werden, als ein Versuch, die Regierung zu ändern. Es wird außerdem versichert,
daß die Oppositionspartei in Virginia — das Hauptquartier der Faktion —
die feindseligen Erklärungen, die in den Resolutionen ihrer General-
Assembly zu finden sind, durch die thatsächliche Vorbereitung der Mittel, sie mit Gewalt zu unterstützen, wei-
ter verfolge. Daß sie Maßregeln getroffen, ihre Milizen auf einen wehr-
haften Fuß zu setzen — bedeutende Arsenale und Magazine einrichte, und
(ein unzweideutiger Beweis, wie ernst sie es meint) soweit gegangen sei,
neue Steuern aufzuerlegen."

So klagte bereits damals eine Partei die andere an, einen Verfas-
sungsbruch und Regierungswechsel herbeiführen zu wollen – und beide
nicht mit Unrecht. Die einen wollten den schwachen Verfassungskörper
erdrücken, indem sie alle Gewalt in den Staaten zu konzentriren suchten;
die andern wollten ihn, wie das wachsende Küchlein die Schaale des Eies,
von Innen heraus zersprengen. Aber dank seiner Elastizität widerstand er
lange Zeit allen Erdrückungs- wie Zersprengungsversuchen, welche Eigen-
schaft von zweifelhafter Güte unserer Konstitution den Nimbus der Weisheit
verschafft hat, bis diese Weisheit im blutigsten aller Bürgerkriege zu schan-
den wurde.

Die Wahl Jefferson's zum Präsidenten kennzeichnet am besten die
Wendung in der politischen Lage, und die unehrenhaften sowie verzweifel-
ten Versuche der Föderalisten, Jefferson zu verdrängen, stärkten nur noch

mehr die demokratische Partei. Selbst Hamilton zog sich zurück, und die Föderalisten büßten selbst unter der Landbevölkerung der Neuenglandstaaten, die stets zu ihnen gehalten, ihren Einfluß ein, wohl hauptsächlich in Folge der auf Sparsamkeit gerichteten Maßnahmen der Regierung, welche viele Stellen, die unter der föderalistischen Administration geschaffen worden waren, wieder einzog, die Saläre beschnitt, Armee und Flotte reduzirte, mißliebige indirekte Steuern aufhob und Zölle fast ausschließlich auf importirte Luxusartikel beschränkte. Dieses System, bei dem zwar der Staatshaushalt nothdürftig gefristet, aber keine inneren Verbesserungen von Belang ausgeführt werden konnten, gewann der demokratischen Partei die Herzen des Farmers, des Handwerkers und Taglöhners und verhalf ihr zu dem wohlklingenden Beinamen „die Partei des Volkes" zu sein. Der Erfolg von Jefferson's Administration war in der That ein so augenscheinlicher und die dadurch erzeugte Zufriedenheit in den Volksmassen eine so große und andauernde, daß schon bei der Wiederwahl Jefferson's im Jahre 1804 auf ihn und Clinton je 162 Stimmen entfielen, während Charles C. Pinckney und R. King, die Kandidaten der Föderalisten, nur je 14 erhielten; noch auffälliger aber ist der Umstand, daß sogar New Hampshire und Massachusetts demokratisch stimmten, und daß im Jahre 1805 die Föderalisten nur über sieben Sitze im Senate verfügten. Jefferson verdankte diese Erfolge wesentlich seiner Mäßigung, denn er hat die Versöhnungspolitik, welcher er in seiner ersten Inauguraladresse so beredte Worte lieh, getreulich durchgeführt. Vorher war er Parteimann und als solcher energisch und scharf, leidenschaftlich und extrem gewesen. Als Präsident verläugnete er zwar den Parteimann nicht, ja begann sogar, das nach ihm von Jackson zum System erhobene "Rotation in office" und „dem Sieger die Beute" einzuführen, d. h. verdienstvolle föderalistische Beamte durch demokratisch gesinnte zu ersetzen; aber er achtete die Bestrebungen der Minorität und suchte soviel als möglich die Gegensätze zu vermitteln.

Eines der wichtigsten Momente seiner Administration bildet unstreitig der am 30. April 1803 abgeschlossene Ankauf von Louisiana für 15 Millionen Dollars, wichtig insbesondere deßhalb, weil jenes ungeheure Gebiet, das sich von der Mündung des Mississippi über das heutige Jowa, Kansas, Minnesota und Dakota und westlich bis hin an die Felsengebirge erstreckte, den mächtigen Mississippi mit dem Missouri, also ein Stromgebiet unter die Herrschaft der Vereinigten Staaten brachte, das, mehr noch in der Zukunft als in der Vergangenheit, dazu geschaffen scheint, den Stamm und das Astwerk zu bilden, an welchem amerikanische Freiheit, Macht und Größe grünen und blühen und ihre schönsten Früchte ansetzen werden.

Nichts charakterisirt mehr den Verfall der föderalistischen Partei in damaliger Zeit, als ihre hartnäckige, partikularistischen Motiven entspringende Opposition gegen die Erwerbung von Louisiana, nichts aber auch so sehr den staatsmännischen Blick ihres bedeutendsten Führers, Alexander Hamilton, der sich offen auf die Seite Jefferson's stellte und den Ankauf billigte. Allerdings wurde durch den Eintritt Louisianas in die Union die Zahl der Sklavenstaaten vermehrt; aber nicht die Sklaverei bildete für die Opponenten den Stein des Anstoßes, sondern einzig und allein ihr materielles Interesse, das sie — und zwar nicht mit Unrecht — durch ein vermehrtes Uebergewicht der Südstaaten ernstlich gefährdet glaubten.

III.

Seit nämlich Eli Whitney eine Maschine — Cotton-gin — erfunden hatte, die es möglich machte, auch die Kapseln der kurzfaserigen Baumwolle (upland) von den Fasern zu trennen*), vermehrte sich die Erzeugung von Baumwolle in den Südstaaten ungeheuer rasch, wie die folgenden Zahlen beweisen.

Während im Jahre 1791 zum ersten Male Baumwolle ausgeführt wurde, und zwar nur 19,000 Pfund, stieg im Jahre 1800 die Ausfuhr schon auf 19,000,000 Pfund im Werthe von $5,726,000, und betrug im Jahre 1824 142,369,663 Pfund im Werthe von $21,947,401, und erreichte Anno 1856 die immense Höhe von 3,021,403 Ballen @ 460 Pfund oder 1,389,845,350 Pfund, die einen Werth von 159,832,218 Dollars repräsentirten. Zugleich vermehrte sich aber auch der Bedarf an Negern. Während die 13 alten Staaten im Jahre 1790 nicht ganz 700,000 Sklaven zu Bewohnern hatten, von denen sich 657,047 in den Südstaaten befanden, betrug ihre Zahl im Jahre 1820 bereits anderthalb Millionen und zur Zeit des Ausbruchs des Bürgerkrieges, bei einer Gesammtbevölkerung von 30 Millionen, 4½ Millionen Farbige, von denen 3½ Millionen im Süden lebten und mit geringer Ausnahme Sklaven waren.

Da die Plantagenwirthschaft eine Raubwirthschaft ist, die den Boden aussaugt, drängte das wirthschaftliche Interesse der Südstaaten zu einer Politik, welche die Erhaltung der Sklaverei und die Erwerbung neuer Gebiete forderte, zugleich auch die Kluft zwischen Nord- und Südstaaten öffnete und schließlich so erweiterte, daß

---
*) Während bis dahin, also bis zum Jahre 1793, ein Mann nur 1 Pfund per Tag reinigen konnte, reinigte die Maschine täglich 350 Pfund.

kein Kompromiß mehr im Stande war, sie zu überbrücken. Denn während im Norden Gewerbe und Industrie rasch emporblühten und einen freien Arbeiterstand schufen; während die Pioniere immer weiter nach dem Westen vordrangen und ihren Freiheits= und Unabhängigkeitssinn lebendig erhielten; während Farmer, Handwerker und Kaufleute einen freien, kräftigen und arbeitsamen Mittelstand schufen, der in jedem Staatswesen die solideste Grundlage für eine gedeihliche Entwicklung bildet; entstanden im Süden unter der fluchwürdigen Institution der Sklaverei Zustände, welche nicht nur für jenen Landestheil, sondern für die ganze Union verderblich werden mußten. Tocqueville sagt: „Die Sklaverei entehrt die Arbeit, führt die Trägheit in die Gesellschaft ein, mit ihr Unwissenheit und Hochmuth, Armuth und Luxus. Sie entnervt die Kräfte des Geistes und schläfert die Thätigkeit ein. Der Einfluß der Sklaverei, verbunden mit dem englischen Charakter, erklärt die Sitten und die sozialen Zustände des Südens." Daher finden wir im Süden verhältnißmäßig nur wenig Groß= Grundbesitzer, sodann deren Sklaven, welche die Plantagen bebauen, nebst einer kleinen Zahl ziemlich gut gehaltener Hausflaven, ferner in den wenigen bedeutenden Städten eine Anzahl wohlhabender Kaufleute und endlich eine große Menge theils wenig begüterter, theils völlig verarmter, aber von Dünkel strotzender Landbesitzer, die sich in völliger Schmarotzer=Abhängigkeit von der Pflanzeraristokratie befinden. Da die freie Arbeit entwürdigt ist, fehlt auch das Handwerk, und ein weißer Pöbel füllt die engen Straßen der Großstädte und lungert auf den Marktplätzen der Landstädtchen herum. Während sich also im Norden, wo der freie Mann mit dem freien Manne verkehrte, und wo die Arbeit gesucht und geehrt wurde, Denkart, Sitten und Lebensgewohnheiten entwickelten, wie es einem freien Volke geziemt, und der Fortschritt auf allen Gebieten menschlicher Thätigkeit blühte, stagnirte im Süden das Volksleben immer mehr, bis es gänzlich versumpfte und verfaulte.

Die Erwerbung des Louisiana=Gebiets verursachte eine ungeheure Aufregung in den Nordstaaten. Man bestritt die Verfassungsmäßigkeit des Schrittes und trieb Jefferson so lange in die Enge, bis er zugestand, daß die Konstitution nicht die Erwerbung von fremden Gebieten und noch weniger deren Einverleibung in die Union gestatte. Da aber der Ankauf nicht mehr rückgängig gemacht werden konnte, wollte er denselben durch ein Verfassungsamendement legalisirt wissen. Die Föderalisten aber, wäre ihnen nur ein Funke von echtem nationalem Geist zu eigen gewesen, hätten auf den Plan der Administration eingehen und diese mit ihren eigenen Waffen schlagen müssen. Statt dessen aber, verblendet durch das Sonder=

Interesse der Neuenglandstaaten, betrieben sie allen Ernstes eine offene Agitation für Loslösung der Nordstaaten von der Union und verbanden sich zu diesem Zwecke sogar mit den Demokraten New Yorks, damit Burr Gouverneur dieses Staates werde und als solcher ihre unionsfeindlichen Pläne fördere. Um ihre Absichten besser zu erreichen, schürten sie die Eifersucht zwischen dem nördlichen und südlichen Flügel der Demokratie, welch letzterer schon damals nicht nur das materielle, sondern auch das geistige Uebergewicht hatte, und ließen zuerst das später so verhängnißvoll gewordene Kriegsgeschrei ertönen: „Hie Nord! Hie Süd!" Aber die politische Intrigue, gegen welche sich Hamilton mit der ganzen Schärfe seines Geistes und der ganzen Macht seines Einflusses wendete, scheiterte gar jämmerlich, denn das Volk im Allgemeinen verstand nicht die Machinationen der Parteiführer, und diese mußten, wollten sie ihren Verrath an der Union nicht offen bekennen, mit ihren Ansichten und Plänen hinter dem Berge halten. Das Resultat war ein verminderter Einfluß der nördlichen Demokraten sowohl unter ihren südlichen Parteigenossen wie auf die Administration und eine weitere Schwächung der föderalistischen Partei, die nun ganz und gar in die Brüche ging.

Trotz der für Industrie und Handel so nachtheiligen, aber durch die englische Blockadeverhängung vom 16. Mai 1806 und den Kabinetsbefehl vom 11. November 1807, sowie durch die Napoleonischen Dekrete von Berlin (21. November 1806) und von Mailand (17. Dezember 1807), welche die Neutralitätsgesetze willkürlich veränderten, provozirte Embargo-Politik Jefferson's, welche eine allgemeine Unzufriedenheit erzeugte, war die gesammte Opposition doch nicht im Stande, die demokratische Partei vom Ruder zu verdrängen, und die Wahl M a d i s o n's zum Nachfolger Jefferson's bewies zugleich, daß das Volk den Ankauf von Louisiana billigte.

Da sich das Embargo als ein gegen Frankreich und England geschleuderter Bumerang erwies, der auf das amerikanische Volk selbst zurückflog, und da auch der "Non Intercourse Act", auf den sich kurz nach dem Amtsantritte Madison's die Gemäßigten beider Parteien geeinigt hatten, keine Aenderung in den für Amerika so nachtheiligen Beziehungen zu England und Frankreich herbeiführte, drängten schließlich, nachdem Frankreich 1810 sein Mailänder Dekret aufgehoben und ein freundschaftliches Verhältniß mit den Vereinigten Staaten angeknüpft hatte, die demokratischen Heißsporne, unter denen sich besonders die jungen Abgeordneten Clay und Calhoun hervorthaten, zum Krieg gegen England. D a n i e l W e b s t e r bezeichnete den Krieg ganz richtig als Parteikrieg, denn das Volk und die Administration wurden durch die übermüthig gewordene und daher die Rechte der

Minorität mit Füßen tretende demokratische Kriegspartei förmlich mit Gewalt in den Krieg hineingezogen. Dieses Vorgehen stärkte zwar abermals die Partei der Föderalisten, welche sich aber gerade dadurch, daß ihre Opposition einen rein sektionellen Charakter trug und jeglicher nationalen Idee bar und ledig war, zu keiner wahrhaft belebenden und erfrischenden That aufschwingen konnte.

Schon seit der Erfindung der "Cotton-gin", also seit sich das Interesse der südlichen Großgrundbesitzer der Plantagenwirthschaft zuwendete, mit welcher das Institut der Sklaverei innig verwachsen war, zeigte sich nicht nur in den Legislaturen der Baumwollenstaaten, sondern auch im Kongresse das Streben, die Sklaverei, welche man früher als ein bedauernswerthes Uebel angesehen hatte, dessen man sich nach und nach entledigen wollte, als eine göttliche und für gewisse Landestheile nothwendige Einrichtung gesetzlich zu sanktioniren. Das lebende Eigenthum mußte nicht nur durch Einfuhr und rationelle Züchtung vermehrt, sondern auch durch Gesetze an der Flucht verhindert werden. Dieser Idee entsprangen die famosen S k l a v e n = F l ü c h t l i n g s g e s e t z e. Schon 1793 erließ der Kongreß auf eine Botschaft Washington's hin, bei dem der Gouverneur von Pennsylvania einen geflüchteten Verbrecher reklamirt hatte, aus eigenem Antrieb ein Sklaven= Flüchtlingsgesetz, welches im Hause mit 40 gegen 7 Stimmen angenommen wurde. Das Gesetz ermächtigte den angeblichen Eigenthümer oder dessen Agenten, den vorgeblichen Flüchtling „vor i r g e n d e i n e n Beamten eines County, einer Stadt oder inkorporirten Ortschaft" zu bringen, um eine Bescheinigung zu erhalten, welche die Abführung des Flüchtlings nach dem Staate oder Territorium, aus dem er entsprungen, gestatte. Wo blieben da die Menschenrechte, von denen man in der Unabhängigkeits=Erklärung so viel fabulirte? „M e h r e r e J a h r z e h n t e h i n d u r c h i s t e s d u r c h d i r e k t e A k t i o n d e s K o n g r e s s e s a m S i t z e d e r B u n d e s = R e g i e r u n g G e s e t z g e w e s e n, d a ß a n e r k a n n t f r e i e L e u t e a l s S k l a v e n v e r k a u f t w e r d e n s o l l t e n, u m d i e G e f ä n g n i ß = k o s t e n f ü r d i e H a f t z u d e c k e n, i n d e r s i e a u f d e n f a l s c h e n V e r d a c h t h i n, e n t s p r u n g e n e S k l a v e n z u s e i n, g e h a l t e n w o r d e n, u n d d i e s e s G e s e t z i s t w i e d e r h o l t z u r V o l l = s t r e c k u n g g e k o m m e n"*). „Wie viele gekrönte Despoten," frägt der sonst so ruhig urtheilende Dr. H. v. Holst, „lassen sich aus der Geschichte der alten Welt namhaft machen, die Thaten begangen haben, welche dieser Gesetzesausgeburt der demokratischen Republik an Verruchtheit gleich

---

*) H. v. H o l s t, „Verfassung und Demokratie der Vereinigten Staaten von Amerika."
1. Theil. S. 263.

stehen? Hat die Geschichte ein zweites Beispiel aufzuführen, da von einem Volke eine so große Lüge mit solcher Frechheit der Welt in das Gesicht geschmissen worden ist, wie es die Vereinigten Staaten fast ein Jahrhundert lang mit ihrem Glauben an die Prinzipien der Unabhängigkeits = Erklärung gethan?" Und an andrer Stelle (p. 271) sagt dieser gelehrte Kenner der amerikanischen Geschichte: „Wenn die gesetzgebende Gewalt eines Volks: staates, ohne selbst dessen gewahr zu werden, ein solches Spiel mit den höch= sten Fragen treibt, dann darf a priori geschlossen werden, daß an dem politi= schen, sozialen und sittlichen, ja, an dem gesammten Gedankenleben eines Volkes ein Uebel frißt, von dem es einem unvermeidlichen Tode entgegen= geführt wird, wenn es sich seiner nicht bei Zeiten mit Messer und Brenn= eisen entledigt."

Daß die freien Männer des Nordens ruhig zusahen, als die Anschauungen der südlichen Sklavenbarone im Kongresse aufschossen wie Unkraut und, wie dieses den Weizen, jedes freiheitliche und fortschrittliche Gesetz im Keime erstickten, kam wohl daher, daß sie selbst zu viel Interessenpolitik trieben und darum den Süden in seinem Interesse nicht stören wollten. Dieses fortwährende S ch a ch e r n um m a t e r i e l l e Interessen auf Kosten allge= meiner Prinzipien bildet von Anbeginn an das Grundübel im politischen Leben dieser Republik, und daß dieses Uebel bis zum unheilbaren Krebsschaden anwachsen konnte, der nur noch „mit Messer und Brenneisen" zu entfernen war, daran trägt der Norden nicht viel weniger Schuld als der Süden.

Wir haben gesehen, wie es die Politik des Südens erheischte, daß einer= seits neue Territorien der Plantagenwirthschaft gewonnen und andrerseits neue Sklavenstaaten gebildet wurden. Die südlichen Politiker verfolgten mit eifersüchtigen Blicken das rasche Wachsthum der Bevölkerung in den nördlichen Staaten, mit denen der Süden, welcher von der Einwanderung nicht berührt wurde, keinen Schritt halten konnte, und sie sahen daher mit Recht die Zeit nahe, daß das R e p r ä s e n t a n t e n h a u s des Kongres= ses, dessen Mitgliederzahl mit der zunehmenden Bevölkerung steigt, von den Abgeordneten der Nordstaaten kontrolirt werden würde. Es mußten daher für das südliche Interesse neue S t a a t e n gewonnen werden, um erstens im S e n a t e , wohin jeder Staat, ob groß oder klein, zwei Abge= ordnete entsendet, ein Uebergewicht zu erlangen, und zweitens, um das Elektoral=Votum, welches nach Staaten abgegeben wird, zu vermehren. Am auffallendsten trat diese Politik im Jahre 1819 hervor, als es sich darum handelte, Missouri als Staat in die Union aufzunehmen. Tallmadge von New York wollte die Aufnahme von der Bedingung abhängig machen, daß die weitere Einführung von Sklaven in jenes Gebiet verboten und jedem nach der Aufnahme gebornen Sklavenkinde im fünfundzwanzigsten Jahre die Freiheit gegeben werde. Während nun das Repräsentantenhaus, in welchem der Norden bereits ein Uebergewicht hatte, dem Antrage beipflichtete, wies der Senat denselben zurück und der Kongreß ging auseinander, ohne darüber zu irgend einer Entscheidung gekommen zu sein.

Anders gestaltete sich die Angelegenheit, als sie in der nächsten Session wieder auf's Tapet gebracht wurde, weil auch Maine, das bis dahin einen Theil von Massachusetts bildete, um Aufnahme als besonderer Staat nachsuchte. Das gab dem Senate Veranlassung, die Einverleibung Maines in die Union von der b e d i n g u n g s l o s e n Aufnahme Missouris abhängig zu machen. Lange Zeit widerstand das Repräsentantenhaus diesem Ansinnen, und das ganze Land wurde durch den Streit in ungeheure Aufregung versetzt. Im Kongresse führten beide Parteien die Debatten mit großer Leidenschaftlichkeit und behaupteten ihren Standpunkt mit einer Zähigkeit, die erkennen ließ, daß der Konflikt zwischen freier Arbeit und Sklaverei bereits ein brennender geworden, und daß die geographische Scheidung in Norden und Süden eine bereits vollzogene Thatsache war. „Ein Feuer ist entzündet," rief in prophetischer Ahnung Cobb von Georgia, „das alle Wasser des Ozeans nicht löschen können; Ströme von Blut sind dazu erforderlich."

Die Sklavokratie siegte schließlich mit drei Stimmen im Abgeordnetenhause, und Missouri wurde ohne Restriktion in die Union aufgenommen. Die achte Sektion des Missouri-Aktes vom 6. März 1820 setzte fest, „daß in dem ganzen unter dem Namen Louisiana von Frankreich in die Vereinigten Staaten abgetretenen Gebiete, soweit es nördlich von 36°30′ n. Br. liegt und nicht in den Grenzen des in Rede stehenden Staates eingeschlossen ist, Sklaverei und unfreiwillige Knechtschaft für immer verboten sein soll." Dieser Bestimmung des sogenannten M i s s o u r i = K o m p r o m i s s e s, durch welche alles Territorialgebiet westlich von Missouri und südlich von 36°30′ der Sklavokratie preisgegeben wurde, setzten selbst die Abgeordneten der Nordstaaten keinen ernstlichen Widerstand entgegen. Nur f ü n f nordstaatliche Repräsentanten stimmten gegen sie! Daß der Süden bestrebt sein würde, die vom Kongresse beanspruchte und auch von keiner Seite bestrittene Souveränität über die Territorien in seiner Weise zu deuten und auszunützen, mußte Jedermann einleuchten, der den Kongreßdebatten in der Missouri= und Arkansas=Angelegenheit mit Aufmerksamkeit gefolgt war. Soweit hatte der Süden seinen Zweck vollständig erreicht, denn wenn bis dahin die freien Staaten an Zahl den Sklavenstaaten um einen überlegen

gewesen, so erhielten diese jetzt Alabama und Missouri zugestellt und jene
nur Maine.

IV.

Nach Erledigung des Missouri-Streites, und nachdem Monroe mit
allen Elektoralstimmen gegen eine wieder zum Präsidenten erwählt worden
war, begann die „Aera des guten Einvernehmens," der Streit der Politiker
kam für eine Weile zur Ruhe und das Volk erfreute sich einer allgemeinen
wirthschaftlichen Prosperität. Schon der Krieg mit England hatte zur
Folge gehabt, daß sich in den Nordstaaten eine selbständige Industrie entwickelte, und nach dem Friedensschlusse nahmen Handel und Schifffahrt
einen ungeahnten Aufschwung. In den Städten blühten die Gewerbe, auf
dem Lande prosperirte der Farmer, kurzum, Wohlstand war eingekehrt in
das Haus eines jeden Bürgers. Die Administration, deren Aufmerksamkeit sich ungetheilt den inneren Angelegenheiten zuwenden konnte, suchte
durch Anlegung von Straßen und Kanälen, Hafenverbesserungen u. s. w.
den Verkehr und Handel zu heben. Sie gab dadurch zwar den partikularistischen Kläffern, die jede staatsmännische That der Zentralregierung be-
schnüffelten und anbellten, Gelegenheit, über die Verfassungsmäßigkeit
solcher Geldbewilligungen für innere Verbesserungen zu zetern, aber ihre
kleinlichen Einwände mußten der Frage Clay's gegenüber: „Können die
föderativen Zwecke dieser Regierung auf andere Weise als durch föderative
Hilfsmittel erreicht werden?" verstummen. Besonders war es den westlichen Staaten und Territorien, aber auch einigen Südstaaten darum zu
thun, in eine innigere Verbindung mit dem Osten und den Hafenplätzen
am atlantischen Ozean zu kommen, weßhalb sich selbst hervorragende
Repräsentanten des Südens, darunter Calhoun, zu Gunsten einer plan-
mäßigen und andauernden Thätigkeit der Bundesregierung für Verbesserung
der Kommunikationsmittel aussprachen.

Der nationale Geist schien sich wieder etwas zu regen; er wollte die
Zentralregierung der passiven und untergeordneten Stellung entreißen, in
welche sie durch den Druck der partikularistischen Energie gelangt war, und
sie zu positiven Aufgaben führen. Eine solche war z. B. gegeben in der
Durchführung der Monroe-Doktrin, durch welche die Vereinigten Staaten
ihre Stellung auf dem amerikanischen Kontinente definirten und erklärten,
daß sie jeden Versuch der europäischen Mächte, ihre Herrschaft auf
irgend einen Theil dieser Hemisphäre auszudehnen, als ihrem Frieden und
ihrer Sicherheit gefährlich ansehen und demgemäß vorgehen würden. Auch

die von Clay und Webster hauptsächlich vertretene Lehre, daß es Aufgabe des Bundes sei, die junge, aufblühende amerikanische Industrie durch Zölle auf fremdländische Fabrikate zu s ch ü tz e n , war eine Offenbarung des nationalen Geistes. Die neue Partei, welche später den Namen W h i g P a r t e i annahm, aus den Fragmenten der föderalistischen und theils aus den mehr national gesinnten, theils aus den in der Schutzzollpolitik direkt interessirten Elementen der demokratischen Partei gebildet, gewann rasch an Anhängern und an Energie und führte ihren Kampf für Schutzzölle gegen die Freihandelsbestrebungen des Südens, dem ein Theil der nördlichen Demokratie treu zur Seite stand, mit abwechselndem Glücke bis zum Jahre 1848 fort. Die Partikularisten stritten konsequenter Weise der Bundesregierung das Recht ab, Gelder zu irgend einem andern Zweck als zur Bestreitung der für die Verwaltung nöthigen Ausgaben zu erheben, und nannten es Aberwitz, „daß der Kongreß berechtigt sein sollte, die nördlichen Fabrikanten an dem Lebensblute des Südens zu mästen."

Süd=Karolina und Georgia bildeten die äußersten Flügel der Anti=Tarifbewegung, und ihre Legislaturen protestirten in der leidenschaftlichsten Sprache, die auf die Virginia= und Kentucky=Resolutionen pochte und das Recht der Nullifikation beanspruchte, gegen die Schutzpolitik der Zentral=Regierung.

Wie tief bereits die unionsgefährlichen Grundsätze der Virginia= und Kentucky-Beschlüsse Wurzel geschlagen hatten, ist aus dem Streite zu ersehen, den der Staat Georgia wegen der Ländereien der Creek= und Cherokee=Indianer mit der Bundesregierung führte, ein Streit, der sich durch die ganze Administration von John Quincy Adams hinzog und erst unter Jackson zu Ende kam. Als nämlich Georgia am 24. April 1802 der Union seine westlichen Ländereien abtrat, hatte es daran die Bedingung geknüpft, daß die Ver. Staaten, „sobald es auf f r i e d l i ch e m Wege und unter vernünftigen Bedingungen geschehen könne," dem Staate die innerhalb seiner Grenzen gelegenen Jagdgründe der Indianer erwerbe Die Bundesregierung hatte denn auch schon zu wiederholten Malen große Landstriche von den Creeks und Cherokees erworben, aber schließlich blieben alle Versuche, die Indianer zum Verlassen ihrer Heimath zu animiren, fruchtlos. Viele von den Rothhäuten waren seßhaft geworden, hatten manche Sitten und Gebräuche der Weißen angenommen und waren mit ihrer Lage wohl zufrieden. Das gefiel aber den Georgier Staatsmännern durchaus nicht, und als erst gar im Rathe der Creek Häuptlinge der Beschluß gefaßt wurde, auf Grund der ihnen in allen V e r t r ä g e n mit der B u n d e s=R e g i e r u n g ertheilten G a r a n t i e „unter keiner Bedingung einen

Fuß Landes zu verkaufen" und denjenigen ihrer Stammesgenossen mit Flinte und Strick ein Ende zu bereiten, die gegen diesen Rathsbeschluß verstoßen würden; da suchte der Staat in betrügerischer Weise zu erschleichen, was er auf rechtliche Weise nicht erlangen konnte. Er schloß mit einem Theile der Häuptlinge einen Kaufvertrag ab, der vom Senat und Präsidenten genehmigt wurde. Die Creeks aber rächten den Verrath der Häuptlinge McIntosh, Tustunugge und Hawkins, wie es beschlossen worden war. Um die Angelegenheit, die nun einen sehr bedrohlichen Charakter angenommen hatte, zu schlichten, sandte der Präsident den Oberst Andrews ab, um die Klagen gegen den Indianer-Agenten, welchen Gouverneur Troup beschuldigt hatte, die Creeks aufgehetzt zu haben, zu untersuchen; außerdem beauftragte der Präsident den General Gaines, etwaige Feindseligkeiten der Indianer zu unterdrücken und auszufinden, wie eine Vermittlung angebahnt werden könnte. Aber beide Bevollmächtigte kamen bei Troup an den Rechten. Ihrem rücksichtsvollen Benehmen setzte der Gouverneur nur Grobheiten entgegen; die Bundesregierung hätte überhaupt kein Recht, meinte er, sich in Angelegenheiten zu mischen, die den Staat ganz allein angingen, und er bezeichne jeden Schritt, den die beiden Agenten der Regierung machen würden, um sich ihrer Aufgabe zu entledigen, als eine Usurpation.

Die Schwäche der Bundesregierung manifestirte sich darin, daß sie keinen Versuch machte, dem von der Staatensouveränetät besessenen Gouverneur gegenüber ihre Autorität zu wahren, sondern nur in höflichster Weise die von ihm angeordnete Vermessung der Creek-Ländereien untersagte und dann geduldig abwartete, wie weit Troup in diesem Kompetenzstreite wohl gehen würde. Daß dem Staate an und für sich kein Recht zustand, eine solche Vermessung vorzunehmen, geht schon daraus hervor, daß er bei dem Vertrage, den die Vereinigten Staaten mit den Creeks eingegangen waren, kein kontrahirender Theil gewesen ist, und es den Indianern laut Artikel 8 des Vertrages frei stand, ihren Aufbruch bis zum 1. September 1826 hinauszuschieben. Außerdem bestand seit dem 30. März 1820 ein Gesetz, welches „jedem Bürger der Vereinigten Staaten und jeder anderen Persönlichkeit bei schwerer Strafe verbot, die den Indianern gehörigen und zugesicherten Ländereien zu vermessen." Troup war jedoch nicht der Mann, der sich durch solche Verträge und Bundesgesetze beirren ließ. Er ermahnte die Legislatur „aufs Nachdrücklichste, jetzt, da es noch nicht zu spät, vorwärts zu treten, und, da das Argumentiren erschöpft, zu den Waffen zu stehen"; ferner ließ er Gaines sagen, daß die Vermessung der Ländereien vorgenommen würde, „ohne Rücksicht auf die Schwierigkeiten, die von irgend einer Seite her in den Weg gelegt werden könnten," und in einem anderen Schreiben erklärte er, wobei ihm der böse Geist der Kentucky-Resolution die Worte diktirte, daß, „da zwei unabhängige Parteien in dem Streite sind, jede für sich selbst entscheiden müsse." Und dabei blieb er, trotzdem ihm vom Kriegsdepartement die Entscheidung des Präsidenten gemeldet wurde, daß die Bundesregierung die Vermessung nicht gestatten würde, ja, er erkühnte sich sogar, an John Quincy Adams direkt ein Schreiben zu richten, in welchem er diesem vorwarf, daß er „nach Belieben Verträge mache" und sich daher vor der „Regierung von Georgia" rechtfertigen sollte. Es würde uns zu weit führen, wollten wir diesen Kompetenzstreit bis in alle Einzelheiten verfolgen. Der Kongreß, an den sich der Präsident in der Angelegenheit schließlich wandte, drückte sich um dieselbe herum, und das Volk im allgemeinen war der Sache längst müde und überdrüssig und wünschte nicht, daß es der Indianer wegen zu einem gewaltsamen Zusammenstoße zwischen der Bundesregierung und der Staatsgewalt von Georgia komme. Wäre es der Administration ernstlich darum zu thun gewesen, ihre Autorität zu wahren und für den mit den Indianern abgeschlossenen Vertrag einzutreten, dann würde ein solcher Zusammenstoß nicht ausgeblieben sein, denn die staatsrechtlichen Prinzipien, welchen der Gouverneur von Georgia und mit ihm die Staatslegislatur huldigten, schlossen jede Vermittlung aus, wie besonders aus der Botschaft hervorgeht, welche Troup am 27. Februar 1826 an die Senatoren und Repräsentanten von Georgia sandte und in der er betonte, daß Souveränetätsfragen zwischen den Staaten und den Vereinigten Staaten **nicht von dem Oberbundesgericht entschieden werden dürften**, sondern auf dem Wege der Unterhandlungen zu erledigen seien, bis in der Konstitution ein anderer Weg vorgesehen werde. Gleichzeitig theilte er mit, daß er die Generalmajore der 6. und 7. Division beordert habe, ihre Truppen in Bereitschaft zu halten, um irgend eine **feindliche Invasion** (!) des Gebietes dieses Staates zurückzuschlagen.

Also die Bundesregierung soll mit der Staatsregierung wie mit einer fremden Macht unterhandeln, und wenn es zu keinem Vergleiche kommt, nun dann thut jeder Theil was ihm beliebt, oder die Gewalt der Waffen entscheidet. Als man die Konföderationsartikel und damit den Staatenbund auflöste, weil man zu der Einsicht gekommen war, daß sich damit nicht in vernünftiger Weise weiter wirthschaften ließe, da gründete man mit der Konstitution den **Bundesstaat** — auf dem Papiere, denn in Wirklichkeit war auch er nur, in Folge der übermächtigen Stärke der partikularistischen Energie, ein Staatenbund von lockerstem Gefüge, einem Gefüge, das bei allen möglichen Anlässen in allen Fugen krachte und schließlich, nachdem man die Risse zu wiederholten Malen mit Kompromissen verschmiert hatte, doch in zwei Theile ouseinanderfiel.

Dieselbe Komödie, welche mit den Creeks aufgeführt wurde, wiederholte sich mit den Cherokees, und als sich da wirklich das Oberbundesgericht einmischte, faßten beide Häuser der Legislatur von Georgia Resolutionen, in denen das Vorgehen des Oberrichters der Vereinigten Staaten „e i n e f l a g r a n t e V e r l e t z u n g d e r R e c h t e" des Staates genannt und der Gouverneur sowie sämmtliche Beamte des Staates aufgefordert wurden, die Bestimmungen des Obergerichts u n b e a c h t e t zu lassen; der Gouverneur erhielt speziell den Auftrag, jedem Eingriff in die Kriminalrechtspflege des Staates mit allen ihm durch die Verfassung und die Gesetze des Staates verliehenen Mitteln W i d e r s t a n d zu leisten.

Die Staatensouveränetät siegte. Die Ländergebiete der Indianer wurden dem Staatsverbande einverleibt, die Indianer selbst auf's Schmählichste behandelt, ihres Besitzes beraubt und unter die Gesetze des Staates gestellt, ohne dafür irgend welche Rechte zu erhalten. Präsident Jackson, während dessen ersten Amtstermins der Streit zu Ende kam, blickte mit Gleichgiltigkeit auf die Vorgänge in Georgia, ja, er soll sich sogar geäußert haben: „John Marshall (der damalige Vereinigte Staaten Oberrichter) hat seine Entscheidung abgegeben, nun soll er zusehen, wie er sie durchführen kann."

In der Präsidentenwahl, aus welcher A n d r e w J a c k s o n und J o h n C. C a l h o u n siegreich hervorgingen, zeigten die Schutzöllner, deren Kandidaten Adams und Clay waren, nicht die Stärke, die zu haben sie selbst geglaubt hatten; aber sie waren doch nicht ohne Hoffnung, daß ihr System von der Zentralregierung adoptirt werde, obgleich in Calhoun einer der bittersten Gegner ihrer Bestrebungen an die Spitze der Regierung gelangt war. In diesem ebenso eminent befähigten wie leidenschaftlichen und ehrgeizigen Manne fand die Staatenrechtstheorie und das Nullifikationsprinzip ihren konsequentesten und unerschrockensten Vertreter. Er war es zuerst, welcher mit logischer Schärfe aus der Konstitution der Vereinigten Staaten den Satz ableitete, daß die Staatenregierungen nicht der Bundesregierung, die Staaten nicht dem Bunde untergeordnet seien, so daß sie schon Jefferson ganz richtig als „koordinirte Departements eines einfachen und ungetheilten Ganzen" bezeichnet habe, deren etwaige Kompetenzstreitigkeiten — wenn man zu keinem Vergleich komme — nur d u r c h e i n e K o n v e n t i o n d e r S t a a t e n e n t s c h i e d e n werden könnten. Er predige nicht Anarchie, denn er reservire für den äußersten Fall eine letzte Instanz. Bis aber die Entscheidung einer solchen eingeholt sei, müßten die in der Minorität befindlichen Staaten im Stande sein, sich gegen Usurpation zu schützen. Das naturgemäße Rechtsmittel sei die „Nullifikation", b. h. die Nichtigkeitserklärung der Majoritätsbeschlüsse.*) Die Bundesregierung habe vor Allem diese Nichtigkeitserklärung zu respektiren, denn sie sei bei Kreirung der Verfassung kein kontrahirender Theil gewesen, sondern erst von den „souveränen Staaten" in's Leben gerufen worden, um gewisse Bestimmungen des Kontraktes zur Ausführung zu bringen; sie, und auch das Obergericht, seien nur Mandatare, und haben als solche ihren Aufträgen gemäß im Sinne der Auftraggeber zu handeln. Calhoun ging aber noch weiter und demonstrirte, daß das Volk überhaupt in keinerlei **direkter** Beziehung zur Zentral-Regierung stehe, sondern nur in **mittelbarer** durch die Staaten, „weßhalb es auch dem souveränen Staate zustehe, soweit seine Bürger in Betracht kommen, in einer Konvention die Ausdehnung der von ihm eingegangenen Verpflichtung definitiv festzustellen und über die Verfassungsmäßigkeit eines fraglichen Aktes zu entscheiden, **welche Entscheidung für seine Bürger bindend sei.**" Nullifikation sei „das große konservative Prinzip" der Union. „In der Verfassung könne keine einzige Bestimmung gefunden werden, welche die Bundesregierung autorisirt, irgend eine Kontrolle über einen Staat auszuüben, sei es durch Gewalt, durch ein Veto, durch einen Richterspruch (!) oder auf irgend eine andere Weise — eine höchst wichtige Fortlassung, die nicht zufällig, sondern **absichtlich ist.**" Calhoun's Argumentation gipfelte in dem Satze, daß er den Staaten unter Umständen das Recht der **Sezession** zusprach und „in diesem Falle," schließt er sein Raisonnement, „mag in der That Gewalt angewandt werden, aber es muß **Kriegsgewalt** sein, welcher eine Kriegserklärung zuvorgeht und die mit allen üblichen Formalitäten zu Werke geht, denn der sezedirte Staat steht von dem Augenblicke an in dem Verhältnisse eines **fremden** Staates zu den übrigen, er ist jeder Bundesverbindung rechtlich entkleidet, und nur noch durch das **Völkerrecht** rechtlich mit ihnen verbunden."

Die Geschichte der antinationalen Partei, wie wir sie heute unter dem Namen der **demokratischen** kennen, ist für den Geschichtsforscher ein Drama von ergreifender Wirkung. Die **Exposition** liegt im Entwickelungsgange der Kolonien mit ihrem scharfgesonderten Wesen, in der Konföderation und in den durch die Konstitution geschaffenen Verhältnissen; die **Peripetie** tritt mit Calhoun und der Nullifikationsakte von South Carolina ein, und schließlich kommt es zur Katastrophe im Bürger-

---

*) Dr. H. v. Holst, Verfassung und Demokratie. 1. Th., S. 405.

kriege. Was Calhoun lehrte, war das Recht, wie es in der Konstitution für immer erstarrt war; in seinen Lehren war nicht jener Geist lebendig, der die Kolonisten gegen England vereinigt und sie stark gemacht hat, das Joch der Tyrannei abzuschütteln, sondern er vertrat das Recht des Shylok, der das Pfund Fleisch aus dem Körper schneiden will, zunächst am Herzen, wie es ihm verschrieben war. Alles, was später von Staatenrechtstheoretikern vorgebracht und von Staatenregierungen gethan wurde, um ihre „Souveränetät" zu wahren, ist nur eine Wiederholung dessen, was Calhoun gelehrt, und, von ihm angestiftet, die Staatsregierung von South Carolina gethan hat.

Präsident Jackson erfüllte durch die Stellung, die er in der Tariffrage einnahm, die Hoffnungen nicht, welche die Freihandelspartei, der er seine Erwählung verdankte, auf ihn gesetzt hatte, und es kam in Folge dessen bald zu einem Bruche, hauptsächlich mit Calhoun, dem eifrigsten Befürworter der Freihandelsprinzipien.

Obgleich Jackson nicht für hohe Schutzzölle war, daher die Protektionisten so wenig befriedigte wie die Freihändler, so trug seine Empfehlung einer Modifikation des Tarifs doch wesentlich zur Stärkung der Whig-Partei bei, und als Jackson gar im Frühling 1831 das Kabinet auflöste und aus der Fraktion Van Buren, dem alten Gegner Calhoun's, neu bildete, da trat im demokratischen Lager die längst erwartete Neugruppirung ein. Um den Präsidenten lagerten sich all die Fähnlein der Politikanten mit Van Buren an der Spitze und bildeten mit dem mehr indifferenten Parteitroß eine Macht, die dem auf die Präsidentschaft lüsternen Calhoun jegliche Aussicht auf Erfolg im Wahlkampf des Jahres 1832 raubte.

Am 14. Juli 1832 erhielt die neue Tarifbill, welche schwere Zölle auf importirte Artikel legte, die Unterschrift des Präsidenten. Nun hielt Calhoun es an der Zeit, den praktischen Werth seiner Theorien an der Wirklichkeit zu prüfen, und er erließ eine von Fort Hill den 26. Juli datirte „Adresse an das Volk von South Carolina", in welcher er seine Ansichten über das Verhältniß der Staaten zur Bundesregierung entwickelte und das Volk von South Carolina ermunterte, die Gelegenheit wahr zu nehmen und mittelst eines gegen die Tarifbill gerichteten Nullifationsaktes seine Souveränetät zu zeigen.

Und das Volk von South Carolina war recht willig und schnell bereit, den ihm vorgezeichneten Weg zu betreten. Schon am 24. Oktober beschloß die Legislatur mit Zweidrittelsmajorität in beiden Häusern die Berufung einer Konvention auf den 19. November nach Columbia. Die Konvention erklärte mit großer Majorität den Tarif von 1828 und 1832 für null und nichtg und verpflichtete die Legislatur, die nöthigen Gesetze zu erlassen, damit dem **souveränen Willen des Volkes von South Carolina Rechnung** getragen werde. Die Legislatur trat am 27. November zusammen. Die Botschaft des Gouverneurs erklärte den Nullifikationsbeschluß der Konvention als **einen Theil des Grundgesetzes von South Carolina**, und forderte die Legislatur auf, das Verbrechen des **Hochverraths gegen den Staat** zu definiren, sowie für die nöthigen **Milizorganisationen** zu sorgen, damit der Bundesregierung, falls sie versuchen sollte, ihre usurpatorischen Gesetze mit Zwang durchzuführen, die nöthige Macht gegenübergestellt werden könne. Die Legislatur ließ sich selbstverständlich solche Aufträge nicht zweimal geben. Mit großer Hast erließ sie ein Gesetz, das den Eigenthümern von Waaren, die wegen Nichtbezahlung der Zölle mit Beschlag belegt worden, das Recht gab, dieselben durch einen Act of replevin wieder in ihren Besitz zu bringen, d. h. sie autorisirte die Anwendung von Gewalt, wenn die Waaren von den Bundesbeamten zurückgehalten wurden. Wer sich dem Gesetze nicht fügte, sollte mit Geldbußen und Gefängniß bestraft werden; auch diejenigen, welche der Bundesregierung in Sachen Beistand leisteten, auf die sich die Nullifikationsakte bezogen, verfielen dem Gesetze.

Ob Präsident Jackson wirklich niemals den Theorien zuneigte, wie sie Jefferson zuerst in den Kentucky-Beschlüssen ausgesprochen und wie sie Calhoun später so kühn entwickelt hat, oder ob er blos aus Haß gegen Calhoun und dessen Anhänger, welche seiner Administration so viel Schwierigkeiten in den Weg legten, ein Gegner der Nullifikationslehre geworden; ob Jackson wirklich die Einheit der Union über die Staatenrechte stellte, oder ob er nur aus soldatischem Starrsinn unbedingte Unterwerfung unter die vermeintlich höhere Instanz forderte; wir können darüber nicht endgiltig entscheiden. So viel wissen wir aber, daß Jackson in höchsten Zorn gerieth, als man ihm die Nachricht über die unionsfeindliche Stellung, welche South Carolina eingenommen, überbrachte und daß er ausrief: "The Union shall and must be preserved." In diesem Sinne erließ er sofort eine Proklamation, in welcher er die Nullifikationsdoktrin verurtheilte und kund that, daß er seinem Amtseide gemäß mit allen ihm verfassungsmäßig zustehenden Mitteln die Bundesgesetze durchführen würde. Aber bis zum 1. Februar 1833, an welchem Tage die Nullifikationsordinanz in South Carolina in Kraft treten sollte, war noch lange Zeit, und beide Gewalten waren eher geneigt, einen blutigen Zusammenstoß zu vermeiden, als ihn herbeizuführen. Sobald es aber den Streitenden nicht ernst ist, sich etwas zuleide zu thun, ist auch schon der halbe Weg zur Versöhnung zurückgelegt. Obgleich die Proklamation

Jackson's in der Legislatur von South Carolina mit offenem Hohn und Spott aufgenommen, und Gouverneur Hayne aufgefordert worden war, eine Gegenproklamation zu erlassen, und obgleich man in den Rüstungen fortfuhr und dadurch die Bundesregierung zu einem energischen Vorgehen reizte, d e denn auch den General Scott und einige Kriegsschiffe nach Charleston sandte; so kam es doch zu keinem ernstlichen Zusammenstoß, weil mittlerweile der Kongreß zusammengetreten war, dessen Aktion sowohl der Präsident wie die Staatsregierung von South Carolina abwarten wollte. Außerdem war Jackson zu Zugeständnissen in der Tariffrage bereit. Das Einkommen der letzten Jahre hatte die Administration in den Stand gesetzt, die Bundesschuld ganz bedeutend zu reduziren, und so konnten denn auch die hohen Zölle herabgesetzt werden, ohne daß der Bundeshaushalt geschädigt wurde. Zeigte man sich aber von Seiten der Administration geneigt, **diese Tendenz zu verfolgen, bis man beim Freihandel anlangte**, dann konnte möglicherweise South Carolina zum Aufgeben seiner Nullifikations-Politik bewogen und der extreme Flügel der südlichen Demokratie mit der Jackson'schen Demokratie ausgesöhnt werden. Und so ist es denn auch gekommen. Nach langen und hitzigen Debatten im Kongreß kam der Kompromiß zu Stande. Am 12. Februar suchte Clay im Senate um die Erlaubniß nach, eine Bill zur **Modifikation der Tarifgesetze** einbringen zu dürfen, und sofort unterstützte Calhoun das Gesuch Clay's, indem er erklärte, daß er zwar in gewissen Einzelheiten der Bill mit Clay nicht übereinstimme, daß er aber ihre „**allgemeinen Prinzipien**" und ihren „**Zweck**" vollkommen billige. Clay im Bunde mit Calhoun vertheidigte die **Kompromiß-Bill** gegen die extremen Schutzzöllner unter Daniel Webster's Führung und setzte ihre Annahme mit großen Majoritäten in beiden Häusern des Kongresses durch. Gleichzeitig war auch die sogenannte „Force Bill", welche den Präsidenten ermächtigte, gewisse militärische Vorkehrungen in South Carolina zu treffen und im äußersten Nothfalle sich der Land- und Seemacht zur Vollstreckung der Gesetze zu bedienen, im Kongresse zur Debatte gelangt und hatte die Leidenschaften von Neuem aufgeregt. Von Webster mit großer Meisterschaft vertheidigt, von Calhoun mit Bitterkeit bekämpft, ging sie schließlich doch in beiden Häusern durch.

Jackson unterzeichnete beide Bills an ein und demselben Tage, den 2. März 1833. **Am 16. März widerrief die Konvention von South Carolina die Nullifikationsordinanz.**

Somit war der Friede zwischen Staat und Bundesregierung wieder hergestellt, aber leider auf Kosten des nationalen Prinzips und einer einheitlichen, in der Zentralregierung gipfelnden Staatsidee.

Calhoun war sich der Tragweite des Kompromisses wohl bewußt. Der Ausgleich ließ die Verfassungsfrage im statu quo; er berührte nicht das von South Carolina, Georgia und anderen Staaten beanspruchte Recht der Nullifikation und beschleunigte die Rückkehr zum Freihandel. Calhoun blieb Sieger. Clay aber hatte mit seiner Kompromiß-Politik zwar abermals den "irrepressible conflict" hinausgeschoben, ihn aufzuheben war er nicht im Stande.

V.

Obwohl schon seit dem Unabhängigkeitskampfe besonders in Pennsylvanien Gesellschaften für Aufhebung der Sklaverei existirten, die, von dem humanen Prinzip ausgehend, daß kein Mensch eines anderen Sklave sein soll, hie und da die Freiheit eines Negers erkauften, also gleichsam Akte der Wohlthätigkeit verrichteten, so hatten jene Gesellschaften doch nichts mit jener politischen Bewegung gemein, die unter dem Namen der a b o l i t i o n i s t i s c h e n unter Jackson's Administration zuerst von sich reden machte. Gründer dieser Bewegung war der lange Zeit in Wheeling, Pa., seßhafte Quäker B e n j a m i n L u n d y, der, besonders durch den Missouri Streit und die darin involvirte Sklavenfrage angeregt, im Jahre 1821 den "Genius of Universal Emancipation" veröffentlichte. Im Herbst 1829 verband er sich in Baltimore behufs weiterer Herausgabe des Blattes mit dem jungen, aus Newburyport, Massachusetts, gebürtigen W i l l i a m L l o y d G a r r i s o n, der sich vom Druckerlehrling zum Zeitungsschreiber aufgeschwungen hatte. Das allzuschroffe Vorgehen Garrison's jedoch, welcher die „sofortige und bedingungslose Emanzipation" der Sklaven verlangte, führte eine Trennung der beiden Herausgeber des "Genius" herbei, worauf sich Garrison nach Massachusetts wandte, daselbst Vorträge hielt und schon 1831 in Boston ein eigenes Blatt unter dem Namen "The Liberator" gründete, den er selbst schrieb, setzte, druckte und in den Straßen vertheilte. Seine Agitation hatte eine so günstige Zeit getroffen und wurde in so nachdrücklicher Weise geführt, daß schon nach einem Jahre in Boston die "New England Anti-Slavery Society" gegründet wurde, von der aus sich die Bewegung rasch über den Osten erstreckte, so daß schon 1833 in Philadelphia die erste „N a t i o n a l e" Anti-Sklaverei-Konvention abgehalten werden konnte, aus welcher ein fester Verband, die "American Anti-Slavery Society," hervorging. Diese nannte in einer Proklamation die Sklaverei ein „V e r b r e c h e n", erklärte alle Z w e c k m ä ß i g k e i t s gründe für ihre Fortdauer als nichtig und beschuldigte die freien Staaten, einen Theil an dem Verbrechen zu haben, so lange sie nicht auf's Entschiedenste gegen dasselbe auftreten würden.

Ein Funke mag unter Umständen eine Stadt einäschern, und ein rollendes Häufchen Schnee mag zur Lawine anschwellen, die Wälder vor sich niederwirft und Dörfer unter sich begräbt. Man agitire für die beste Sache zur unrechten Zeit und unter ungünstigen Verhältnissen und man wird ein Rufer in der Wüste bleiben. Arnold von Brescia und Johannes Huß waren gewiß so tapfere Streiter gegen Rom wie Luther und Calvin. Jene endeten, von Wenigen betrauert, auf dem Scheiterhaufen, diese fanden in Hunderttausenden bereitwillige Nachfolger und Beschirmer. Das amerikanische Volk wird trotz seiner sonstigen Nüchternheit sehr leicht von Manien ergriffen, die in den meisten Fällen epidemisch auftreten.*) Zur Zeit, da Garrison seine Agitation begann, waren die Revivals in der Mode, Wanderprediger zogen von Ort zu Ort, in den Kirchen bereitete man sich auf den nahen Anbruch des Reiches Gottes vor und zu Hause legte man sich Bußen auf entsagte den Vergnügungen und kasteite sich. Mit wahrer Gier erfaßte man daher die von Garrison gestellte Aufgabe, welche einer humanen und sittlichen Idee entsprang, auf ein reales Ziel hinwies und einen p o l i t i s c h e n Charakter hatte, und bald waren es die Kirchen und öffentlichen Versammlungsplätze nicht mehr allein, in denen der Kreuzzug gegen die Sklaverei gepredigt wurde, sondern man trug die Agitation auch in die Hallen der Gesetzgebung hinein und forderte den Süden förmlich zum Kampfe heraus. Dieser täuschte sich keinen Augenblick über die seiner „heiligen" Institution drohende Gefahr und er erließ demgemäß seine Verhaltungsmaßregeln. Alte barbarische Gesetze wurden aufgefrischt, und wo man diese nicht für zureichend hielt, neue, schärfere hinzugefügt. So wurde in North Carolina 1830 bei Strafe von $200 verboten, einem Sklaven das Lesen zu lehren; in Georgia erließ man dasselbe Verbot und setzte außerdem auf die Verbreitung aufreizender Schriften die Todesstrafe. In South Carolina passirte im Jahre 1833 die folgende Bill den Senat: Ein Weißer, der einen Sklaven oder freien Farbigen (!) im Lesen oder Schreiben unterrichtet, wird um $100 bestraft und auf sechs Monate eingesperrt; ein freier Farbiger, der sich des gleichen Verbrechens schuldig gemacht, hat $50 Strafe zu zahlen und erhält 50 Peitschenhiebe; ist ein Sklave der Schuldige—das findet auch auf Eltern gegenüber ihren Kindern Anwendung—so sind 50 Peitschenhiebe die einzige Strafe. Kein Sklave und kein freier Farbiger darf hinfort predigen oder

---

*) In den letzten Jahren z. B. die Spiritualisten-, Revival-, Spellingmatch- und Base Ball-Seuchen. Auch das, was man in einer politischen Bewegung einen „Boom" nennt, gehört in diese Kategorie.

Vorlesungen halten, und Weiße dürfen dasselbe nur in Gegenwart von mindestens drei weißen Sklavenhaltern thun.

Uebrigens stand der Süden mit seinen Abwehrbestrebungen nicht allein. Er hatte seine Bundesgenossen im Norden; hier war es besonders der großstädtische Pöbel, welcher der Agitation der Abolitionisten zuweilen mit brutaler Gewalt entgegentrat. Manche Versammlung wurde gesprengt, viele Häuser von Abolitionisten wurden demolirt, und mehr als einmal waren Garrison und andere Agitatoren nahe daran, getheert und gefedert oder aufgehangen zu werden. Wie weit der gegenseitige Haß bereits entflammt war, und wie sehr er das ruhige Abwägen einer so wichtigen Frage verhinderte, geht aus einem Akt der Legislatur von Georgia deutlich hervor, die sich so weit vergaß, im Dezember 1831 Demjenigen eine Belohnung von $5000 zu versprechen, der Garrison zur Aburtheilung nach den Gesetzen des Staates zur Stelle schaffe. Also eine Prämie auf das nichtswürdigste aller Verbrechen!

Es darf jedoch nicht außer Acht gelassen werden, daß der Süden ein Recht hatte, sich darüber zu beklagen, daß durch die Agitation der Abolitionisten eine den Staaten durch die Konstitution garantirte Institution gefährdet, der Landesfrieden gestört und die Sklaven zur Flucht und zum Widerstande aufgereizt wurden. Wie aber sollte der entfesselte Geist gebändigt werden? Waren nicht Rede- und Preßfreiheit durch die Konstitution und die Grundgesetze der Staaten gewährleistet? Der Süden verlangte daher Unerhörtes und forderte den freien Norden geradezu zum Kampfe heraus, als er die Unterdrückung jeder Publikation, die dazu angethan war, die Sklaven unzufrieden zu machen, sowie die Auslieferung solcher Personen verlangte, die durch Wort und Schrift für Aufhebung der Sklaverei agitirt hatten. So gestaltete sich also der Streit immer mehr zu einem Kampfe für Freiheit und Recht auf der einen, gegen Knechtschaft und Gewalt auf der anderen Seite, und die blinde Wuth der Sklavokratie, die sich sogar nicht scheute, das einem freien Volke so heilige Recht der Preß- und Redefreiheit anzutasten, um das nichtswürdige und unmenschliche Institut der Sklaverei zu schützen, hat mehr dazu beigetragen, den Norden für die Bestrebungen der Abolitionisten zu gewinnen, als die zündendsten Reden und feurigsten Schriften der Gegner der Sklaverei. Was half es Louisiana, daß es die Agitatoren für Befreiung der Neger an den Galgen hängte? Was half es Georgia, daß es dieselben in's Zuchthaus schickte, North Carolina, daß es dieselben das erste Mal an den Schandpfahl kettete und auspeitschte, das nächste Mal mit dem Tode bestrafte? Was half es dem Süden, daß er die Postpackete, in welchen er abolitionistische Schriften witterte, aufbrach und die Drucksachen verbrannte, ja, daß er sogar an den Generalpostmeister das Ansinnen stellte, er möge dem Versandt solcher Schriften überhaupt Einhalt thun? Nichts; sie gossen damit nur Oel in's Feuer!

Die Botschaft des Präsidenten Jackson vom 2. Dezember 1835 brachte die Frage der Postbeförderung von „aufrührerischen Schriften," eine Frage, welche der Generalpostmeister schon vorher zu Gunsten der Sklavenhalter entschieden hatte, in offizieller Weise vor den Kongreß. Der autokratische Jackson, in dessen Charakter es lag, das kautschukartige Gebilde der Konstitution in rein persönlicher Weise und zum Nutzen seiner Partei auszubeuten, wollte das Interesse der Slavokratie und den Frieden des Landes durch ein Gesetz gewahrt wissen, „das unter schweren Strafen verbietet, in den südlichen Staaten durch die Post Brandschriften (incendiary publications) zu verbreiten, welche den Zweck haben, die Sklaven zur Empörung zu reizen." Aber die Bill fand selbst unter den Südländern die heftigste Opposition, denn sie legte der Zentral-Regierung, ja sogar jedem Postmeister eine Macht in die Hände, die schlecht zu den Lehren eines Calhoun paßte. Dieser wehrte sich denn auch mit aller Entschiedenheit gegen die eingebrachte Bill, allerdings nicht gegen den Z w e c k derselben, mit dem er vollständig sympathisirte, sondern nur dagegen, daß der Z e n t r a l r e g i e r u n g und ihren Beamten die v e r f a s s u n g s w i d r i g e Gewalt verliehen werde, in Preßangelegenheiten zu entscheiden, w a s d e n S t a a t e n g e f ä h r l i c h s e i u n d w a s n i c h t. Calhoun wollte ein solches Recht und eine solche Gewalt den Staaten reservirt wissen, und der Kongreß sollte nur ein Gesetz passiren, d a s d i e B u n d e s b e a m t e n, also auch die Postbeamten, b e i S t r a f e v e r p f l i c h t e t e, d e n S t a a t s g e s e t z e n z u g e h o r c h e n.

Das bildete den Schlußstein zum Staatenrechtsgebäude, das war die letzte Konsequenz, die Calhoun entwickelte. Calhoun liebte die Union, und die Verfassung galt ihm als höchstes Gesetz des Landes. Aber, er hielt sich an das, was in der Konstitution geschrieben stand, und las das heraus, was darin verschwiegen und daher, nach seiner und der „Väter" Ansicht, den Staaten überlassen war. Er blieb auch nicht auf halbem Wege stehen, und wenn er, wie aus den Debatten über den Tarif hervorgeht, damals die Staatenregierungen noch in einem k o o r d i n i r t e n Verhältniß zur Bundesregierung erscheinen ließ, so machte er in der Debatte über die „Brandschriften" den letzten Schritt: Die Bundesregierung sollte nicht länger mehr eine koordinirte, sondern eine s u b o r d i n i r t e Gewalt sein, den Befehlen der Staaten unterthan, der Büttel von so vielen H e r r e n, als da Staaten waren, von denen der eine die Sklaverei, der andere die freie Arbeit, ein dritter den Schutzzoll und ein vierter den Freihandel, kurzum fast jeder etwas Anderes haben wollte.

„Es ist Wahnwitz, zu glauben," rief Calhoun dem Senate zu, „daß die sklavenhaltenden Staaten sich ruhig opfern lassen würden. Jede Rücksicht — Interesse, Pflicht, Menschlichkeit, Vaterlandsliebe, das Gefühl, Unrecht zu leiden, Haß gegen die Unterdrücker und gegen verrätherische und treulose Bundesgenossen, und endlich Verzweiflung — würde sie zum kühnsten und rücksichtslosesten Widerstande in der Vertheidigung von Eigenthum, Familie, Land, Freiheit und Existenz treiben." ——— „Ich muß dem Senate sagen, seine Entscheidung mag ausfallen, wie sie wolle, der Süden wird nie die Prinzipien dieser Bill aufgeben. Wenn Ihr unseren Gesetzen Eure Mitwirkung versagt, und daraus ein Konflikt zwischen unseren Gesetzen und den Eurigen entstehen sollte, so werden die Südstaaten niemals dem Vorrang der Eurigen weichen. ...... Laßt es in jedes Südländers Herz eingeschrieben, fest eingegraben sein, daß die Gesetze der sklavenhaltenden Staaten zum Schutze ihrer inneren Institutionen ü b e r d e n G e s e t z e n d e r B u n d e s r e g i e r u n g zur Regelung des Handels und der Post stehen, und daß im Falle eines Konflikts d i e s e j e n e n w e i c h e n m ü s s e n."

Wir müssen im Auge behalten, daß dieser Kampf der Sklavokratie mit der Freiheit fast zur selben Zeit stattfand, als sich die beiden Sektionen des Landes auch wegen Schutzzoll und Freihandel gegenüberstanden und die Nullifikationsakte von South Carolina erlassen wurden. Es war also ein Konflikt, der sich immer mehr in die Breite und Tiefe zog, die Erbitterung hüben und drüben schürte und der endlich, nachdem die Sklavokratie ihre Peitsche eine Zeitlang auch über den Norden geschwungen, in den blutigen Kampf ausartete.

Nicht allein die Bankfrage, welche Jackson in seiner autokratischen Weise zu lösen versucht hatte, sondern auch der in den letzten Jahren seiner Administration neu entfachte Kampf zwischen Schutzzöllnern und Freihändlern gab zu der Parteigruppirung Veranlassung, die unter dem Namen W h i g P a r t e i für die Bank und den Tarif eintrat, während sich die demokratische Partei gegen die Bank und für Freihandel erklärte. Die Whig Partei unterlag in der Präsidentenwahl von 1836, und der Demokrat V a n B u r e n von New York wurde am 4. März 1837 inaugurirt. Van Buren war in mehr als einer Beziehung ein würdiger Nachfolger Jackson's, gerade so ergeben seinen politischen Freunden, die er mit Stellen zu belohnen wußte, wie von Haß erfüllt gegen Widersacher, denen er keinen Pardon gab. Er war Meister der politischen Mache, das Prototyp eines Politikanten. Er war noch viel mehr als Jackson bestrebt, der Sklavokratie willfährig zu sein, und verdiente daher im vollsten Maße den Namen „eines nördlichen Mannes mit südlichen Prinzipien". Indem er das nordstaatliche demokratische Politikantenthum mit der südlichen Junkerpartei verkuppelte, trug er wesentlich dazu bei, daß nach dem Tode seines Nachfolgers, des von den Whigs erwählten Wm. H. Harrison, die Sklavokratie ihre zwanzigjährige Suprematie antreten konnte.

Gerade wie nach dem deutsch=französischen Kriege die nach Berlin gewanderten Milliarden den Deutschen die Köpfe verdrehten und sie zur wildesten Spekulation antrieben, der nach kurzer Dauer ein allgemeiner Krach folgte, und gerade wie gegenwärtig das aus Europa zufließende Gold, der reiche Erntesegen und der plötzliche Aufschwung zu besseren wirthschaftlichen Zuständen uns Amerikanern zu Kopfe steigt und viele von uns zum vermessenen Jagen nach hohem Gewinnst und schnellem Reichwerden aufstachelt: so war es auch in den dreißiger Jahren in den Vereinigten Staaten. Auch damals überhitzte das englische Gold, das für Rohprodukte und Industrieerzeugnisse massenhaft in's Land strömte, die Spekulation; Banken schossen wie Pilze auf, Eisenbahnen über Eisenbahnen wurden gebaut, Grundeigenthum zu hohen Preisen gekauft und verkauft und leichtsinnige Kreditbewilligungen waren gang und gäbe. Der Krach blieb nicht aus und trat kurz nach dem Amtsantritt Van Buren's ein. Nun war es vor Allem die Regierung, der man alle Schuld an dem tollen Rausche und dem folgenden Katzenjammer aufbürden wollte. So hieß es z. B. in einer Adresse von New Yorker Kaufleuten: „Der Irrthum unserer Regierer hat eine größere Verheerung verursacht, als die Pestilenz, die unsere Straßen entvölkerte, oder die Feuersbrunst, die sie in Asche legte." Man bestürmte den Präsidenten von allen Seiten, er möge, um der Kalamität abzuhelfen, eine Extrasitzung des Kongresses einberufen. Van Buren kam dem Verlangen nach, und am 4. November 1837 trat der Kongreß zusammen. In seiner Botschaft entwickelte der Präsident seine Ansichten über die Krisis, rechtfertigte die Regierung seines Vorgängers, soweit dies möglich war, und proponirte schließlich, nachdem er seine Gründe gegen die Nationalbanken und gegen Depositenbanken entwickelt hatte, ein neues System, welches die Regierung in der Verwaltung der Gelder auf ihre eigenen Füße stellen sollte. Wie so oft ein Gegner dem andern in die Hände arbeitet, so auch in diesem Falle. In der Gründung eines **unabhängigen Schatzamtes** der Vereinigten Staaten verkörperte sich ein **nationaler Gedanke**, und daß es ein **demokratischer** Präsident gewesen ist, der ihn verwirklichte, während ihn die Whigs bekämpften, beweist, daß auf beiden Seiten den Gründen der Zweckmäßigkeit und des Parteivortheils sowie den Interessen der zwei großen Landestheile mehr Gehör geschenkt wurde, als jenen großen Prinzipien, um welche sich zur Zeit Jefferson's und Hamilton's der Streit der Parteien gedreht hat. Die Whigs, welche für eine Nationalbank kämpften, waren sich wohl bewußt, daß dieses wichtige Institut unter die Kontrolle der nördlichen Geldmacht kommen würde, während ein mit der Regierung direkt verbundenes Schatzamt unter dem Einflusse der Sklavokratie stehen mußte, sofern diese die Administration beherrschte. Diese Auffassung mochte wohl Calhoun, der unter Jackson in der Nationalbankfrage auf Seiten der Whigs gestanden, veranlaßt haben, mit Van Buren gegen die Whigs und für das unabhängige Schatzamt zu gehen, das durch ein Gesetz vom 4. Juli 1840 in's Leben gerufen wurde.

Der Wahlkampf von 1840 wurde mit großer Erbitterung gekämpft, obwohl keine bedeutenden Fragen zur Entscheidung vorlagen. Die Whigs hatten H a r r i s o n und T y l e r nominirt, die Demokraten abermals Van Buren. H a r r i s o n, obwohl ein Mann, der sich viel im öffentlichen Leben bewegt und sich nicht nur in Indianerkriegen und im Feldzuge gegen die Engländer als Soldat, sondern auch als Zivilbeamter, z. B. als Gouverneur von Indiana, Verdienste erworben hatte, war doch keine Persönlichkeit von solcher Prominenz, daß er als Bannerträger einer Partei gelten konnte. Aber, wie später leider nur zu oft, schon zu seiner Zeit haben die Eifersucht und Zwietracht zwischen den anerkannten Führern der Partei einem "dark horse" in's Weiße Haus verholfen. Clay und Webster, diese zwei Wortführer und Bannerträger der Whig Partei, trachteten beide nach der Präsidentschaft und vereitelten gegenseitig durch lang eingefädelte und schlau durchgeführte Intriguen ihre Nomination auf der Whig Konvention zu Harrisburg; ihren Machinationen ist es zuzuschreiben, daß der Halb-Demokrat und Halb-Schatzöllner Harrison mit dem entschiedenen Nullifikator und Sklavokraten Tyler an die Spitze der Whigbewegung gestellt wurde. Solche Sünden rächen sich aber furchtbar an der Partei, die sie begeht, und führen rasch die Zersetzung herbei. Clay büßte überdies durch die zweideutige Stellung, die er in der Sklavenfrage einnahm, um sich den freihändlerischen Süden zu versöhnen, fast allen Einfluß im Norden ein. Es war ein Pyrrhussieg, den die Whigs errungen hatten, denn schon nach der kurzen Präsidentschaft Harrison's, welcher genau einen Monat nach seiner Inauguration starb, zeigte T y l e r, sein Nachfolger im Amte, daß er mit der Partei, die ihm zu der hohen Würde verholfen, weder in der Nationalbankfrage, die wieder auf's Tapet gebracht wurde, noch in der

Tarifangelegenheit zusammen ging. Der Konflikt zwischen dem Präsidenten und seiner Partei führte zuerst zur Neubildung des Kabinets, in welchem nur Webster verblieb, und zu einem mehrjährigen Kampfe zwischen der Exekutive und der Majoritätspartei des Kongresses, der in den fortwährend einlaufenden Vetobotschaften des Präsidenten schließlich eine Verfassungsverletzung erblickte und sich anschickte, zu einem Impeachment zu schreiten. Daß die Bundesverwaltung darunter litt und ihre Schritte nach allen Seiten hin gelähmt wurden, ist begreiflich. Außerdem waren die wirthschaftlichen Verhältnisse des ganzen Landes der traurigsten Art; Bankerotte folgten auf Bankerotte, die Einnahmen der Regierung reichten nicht hin, um die Zivil- und Militärbeamten zu bezahlen, das Budget wies ein bedeutendes Defizit auf und der Kredit im Auslande war gänzlich geschwunden. Einige der Staaten waren in Folge des Zusammenbruchs so vieler Banken genöthigt, ihr Schuldbuch ganz und gar zu vernichten, und, wie z. B. Mississippi, völlige Repudiation zu erklären, oder theilweise, wie Michigan und Louisiana. Indiana und Illinois erklärten zwar nicht, auf keinen Fall bezahlen zu wollen, sondern nur, unter den obwaltenden Umständen nicht bezahlen zu können.

Die verderbliche, aber verdiente Lage, in welche die Whig Partei mit ihrem Präsidenten gerathen war, hatte schon nach den ersten zwei Jahren zur Folge, daß das Repräsentantenhaus überwiegend **demokratisch** wurde.

VI.

Texas, das einst zu Mexiko gehörte, hatte sich im Jahre 1836 von der spanischen Herrschaft losgerissen und sich eine eigene Regierung auf demokratischer Basis gegeben. In Folge der Absichten Englands, die Unabhängigkeit von Texas anzuerkennen, wenn es die Sklaverei aufhebe, und des Bestrebens der Südstaaten, Texas der Sklavokratie zu erhalten, wurde schon unter Jackson eine lebhafte Agitation zu Gunsten der Annexion von Texas eingeleitet und während der letzten Zeit von Tyler's Amtstermin mit besonderem Eifer geführt. Aber erst Calhoun drängte, nachdem er das Staatssekretariat übernommen hatte, die Frage zu einer raschen Lösung; er verlangte auf das Entschiedenste die Einverleibung des ungeheuren texanischen Gebietes in die Union, weil nach seiner Ansicht die Vereinigten Staaten „die heiligste Pflicht hatten, die Aufhebung der Sklaverei in den Nachbarstaaten zu verhindern", und veranlaßte die texanische Regierung, auf einen derartigen Vertrag einzugehen. In der Präsidentenwahl von 1844 spielte denn auch diese Angelegenheit eine Hauptrolle. Auf der einen Seite stand Clay mit den Whigs, welche der Annexion opponirten, auf der anderen die Demokraten mit James K. Polk von Tennessee und Geo. M. Dallas von Tennessee, die sich beide auf die Platform der Baltimorer Konvention von 1844 gestellt, sich also gegen den Tarif, gegen die Nationalbank und zu Gunsten der Annexion von Texas ausgesprochen hatten. Die Demokraten siegten. Mit ihrem Siege aber triumphirte das Freihandelsprinzip, die Sklavokratie und das politische Landsknechtthum, das nur der Beute wegen kämpft und dann um die Beute würfelt.

Die Schmach aber, die der Union dadurch angethan wurde, und die frivole Frechheit, mit welcher die Sklaven-Aristokratie des Südens die Zentral-Regierung zu knebeln und zum Büttel ihrer freiheitsmörderischen und fortschrittsfeindlichen Pläne zu degradiren suchte, riefen endlich in den Nordstaaten jene Energien wach, die anfangs zwar getheilt und daher machtlos, später jedoch vereinigt und daher unüberwindbar das im Innern zerfressene partikularistische Windgehäuse über den Haufen warfen und der Freiheit und nationalen Einigung eine Bahn brachen, auf der sie seit dem glücklich beendeten Bürgerkriege mit wachsender Kraft hohen Zielen entgegeneilen.

Eine jener Energien war der Abolitionismus, dessen bereits Erwähnung geschehen ist. In ihm offenbarte sich eine sittliche Gewalt, die sich der Sklavomanie mit der ganzen Macht eines inspirirten Fanatismus entgegenstemmte. Aber das Feuer war Anfangs zu wild; es verzehrte sich theilweise selbst. In Folge der Frauenfrage, die sich mit dem Abolitionismus verquickte, trennten sich die konservativen Elemente, und es trat schon im Jahre 1838 eine Spaltung in zwei sich bitter bekämpfende Fraktionen ein. Dazu gesellte sich noch der kirchliche Einfluß.

Ludwig Feuerbach sagt irgendwo: „Die Geschichte der Menschheit besteht in nichts Anderem, als einer fortwährenden Ueberwindung von Schranken, die zu einer bestimmten Zeit für Schranken der Menschheit und darum für absolut unübersteigliche Schranken gelten." Die Religionen haben solche Schranken errichtet und die Kirchen haben sie konservirt.

Der Abolutionismus stürmte gegen eine derartige Schranke an und damit gegen ein von der Kirche vertheidigtes Prinzip. Der Widerstand von Seiten der Geistlichkeit war daher dort am größten, wo die Kirche unbedingten Autoritätsglauben und strikte Unterwerfung unter das göttliche und kirchliche Gebot verlangt, wie in der katholischen Kirche, und am schwächsten von Seiten der Methodisten und anderer mehr freiheitlich organisirter kirchlicher Genossenschaften. So schreibt Theodor Parker: „Es wird mir gesagt, daß in ganz Amerika keine einzige katholische Zeitung die Sklaverei bekämpfe, überhaupt keine einzige der Tyrannei im allgemeinen opponire, keine einzige, welche sich auf Seiten der Unterdrückten in Europa stellte"; und Brownson, der bedeutendste katholische Schriftsteller jener Zeit, schrieb in seiner „Review": „Uns Katholiken macht das Sklavenflüchtlingsgesetz keinerlei Schwierigkeiten. Man lehrt uns, wie bereits gesagt, der Obrigkeit, als von Gott eingesetzt, in allen Dingen zu gehorchen, die von unserer Kirche als nicht dem göttlichen Gebote zuwider erklärt werden." Also Geistlichkeit und Sklavenbarone, die Kirche mit der Sklaverei im Bunde gegen Humanität und Freiheit! Aus der Bibel läßt sich eben alles Mögliche herauslesen, weshalb hätten die Geistlichen und südlichen Junker nicht Das herauslesen sollen, was ihnen genehm war? Schließlich kam es auch wirklich dahin, daß man im Kongresse mit der Bibel in der Hand die „heilige" Institution der Sklaverei vertheidigte, die Autorität der Religion und der Kirche herbeirief und die Abolitionisten nicht nur Aufrührer und Vaterlandsfeinde, sondern auch Religionsstörer und Antichristen nannte.

Petitionen an den Kongreß, welche um Abschaffung der Sklaverei im Distrikt Columbia baten, wurden als eine „schändliche Beschimpfung fast der Hälfte aller Staaten der Union" zurückgewiesen, und am 26. Mai 1836 nahm das Repräsentantenhaus mit 117 gegen nur 68 Stimmen eine von Henry L. Pinckney von South Carolina im Namen eines Spezialausschusses eingebrachte Resolution des folgenden Inhalts an: „Beschlossen, daß alle Petitionen, Denkschriften, Resolutionen, Vorschläge oder Papiere, die in irgend einer Weise oder in irgend welchem Maße sich auf die Sklaverei beziehen, auf den Tisch gelegt werden, und daß keinerlei Aktion hinsichtlich derselben genommen werden soll." Als der Name des greisen John Quincy Adams aufgerufen wurde, antwortete dieser weder Ja noch Nein; aber er richtete sich in seinem Stuhle auf und sagte: „Ich halte diese Resolution für eine direkte Verletzung der Verfassung der Vereinigten Staaten, der Regeln dieses Hauses und der Rechte meiner Konstituenten." Diese Resolution gehörte zu jenen reaktionären Maßnahmen des Kongresses, durch welche der Norden zum energischen Vorgehen getrieben wurde, denn sie durchschnitt eines jener urwüchsigen Rechte, mit denen der englisch-amerikanische Freiheitsbaum im Geiste des Volkes wurzelt. Man nehme heute dem konservativen Engländer das Recht zu petitioniren und er wird zur Revolution schreiten. Ein solches Recht nun wagte das südländische Junkerthum anzutasten. Und es blieb dabei nicht stehen. Ein „Knebelgesetz" nach dem andern passirte den Kongreß, und Männer wie Adams, die das Recht der Petition vertheі=

digten und die Sklaverei als einen Schandfleck der Republik brandmarkten, wurden mit dem Zuchthause bedroht, ja, Kongreßmann Giddings, der es wagte, die Freiheit von Negern zu vertheidigen, die an Bord der „Creole" auf hoher See die Fesseln der Sklaverei abgestreift hatten, wurde sogar indirekt zur Niederlegung seines Mandats gezwungen, weil er die bereits beschlossene strenge Rüge des Hauses nicht auf sich nehmen wollte.

Für die von einem gewissen Botts beantragte Rüge stimmten 47 nordstaatliche Vertreter aus Servilität gegen den Süden, wohl auch, weil sie Distrikte vertraten, in welchen die irre geleiteten Massen nach der Pfeife tanzten, auf welcher ihnen die demokratischen Politikanten Lieder vorpfiffen, die das südländische Junkerthum komponirt hatte. Als nach dem Hungerjahre 1845 die Großstädte, Fabriks- und Bergwerksdistrikte mit eingewanderten Irländern überschwemmt wurden, nahmen auch die politischen Verhältnisse des Nordens eine der Sklavokratie und dem Partikularismus günstigere Gestaltung an. Es war eben nicht der rein religiöse Standpunkt allein, welcher die katholische Kirche zum Bundesgenossen des Südens machte, sondern vor Allem ihr p o l i t i s c h e s, auf irdische Dinge gerichtetes Streben. Die Politik der römischen Hierarchie war zu allen Zeiten eine a n t i n a t i o n a l e, den Partikularismus fördernde, nach dem alten Worte: „Theile und herrsche!" Ein starkes Staatswesen duldet keine kirchliche Suprematie, und während das Ideal des Protestantismus eine Staatskirche ist, d. h. ein Kirchenthum, das von der Staatsgewalt gefördert und beschirmt wird, ist das Ideal des Katholizismus der Kirchenstaat, d. h. der Staat, welcher der Hierarchie subordinirt ist. Die katholische Kirche ist eine allgemeine Kirche, daher ist sie i n t e r n a t i o n a l und widerstrebt der Bildung organisirter Staatswesen auf n a t i o n a l e r Basis; sie ist die s c h w a r z e I n t e r n a t i o n a l e, welche das ausschließliche Patent auf die Glückseligkeit n a c h d e m T o d e beansprucht, wie die r o t h e I n t e r n a t i o n a l e, welche ebenfalls a n t i n a t i o n a l ist und z e r s e t z e n d wirkt, das ausschließliche Patent auf die irdische Glückseligkeit zu besitzen glaubt. Die katholische Kirche blieb daher nur ihren alten Traditionen treu, als sie hier zu Lande gemeinschaftliche Sache mit der d e m o k r a t i s c h e n Partei machte.

Schon zu Ende des Jahres 1839 wurde von Seiten der New Yorker Abolitionisten die Initiative zur Gründung einer politischen Partei ergriffen, und diese neue Organisation, welche den Namen "Liberty Party" führte, gab in der Präsidentenwahl von 1840 für ihre Kandidaten Birney und Earl nahezu 7000 Stimmen ab, ein kleines Häuflein zwar, aber bedeutsam wegen des Ziels, auf das seine Energie gerichtet war. Um jene

Zeit ging auch in mehreren kirchlichen Organisationen ein Umschwung vor sich, der für die junge Bewegung von größter Tragweite war. Die presbyterianische Kirche trennte sich nämlich im Jahre 1838 in die Alte und in die Neue Schule, angeblich gewisser Lehrsätze wegen, in Wirklichkeit aber der Sklavereifrage wegen, welche die Neue Schule im fortschrittlichen Sinne zu lösen wünschte, während sich die Alte Schule überhaupt nicht mit ihr befassen wollte. Trotzdem sich auch die Anhänger der Neuen Schule feierlichst vor den „radikalen Tendenzen der Abolitionisten" verwahrten, so war doch in jene kirchlichen Reihen Bresche geschossen, und daß diese immer weiter wurde, dafür sorgten schon die Abolitionisten und die Südländer, welch letztere mit ihren sklavokratischen Ansprüchen immer frecher hervortraten. Von größerer Bedeutung noch als die Spaltung innerhalb der presbyterianischen Kirche war jene, welche in Folge der Sklavenfrage in die bischöflich methodistische Kirche einriß und diese in einen nördlichen und einen südlichen Zweig trennte.

Bereits im Jahre 1843 erklärte der gemäßigtere Flügel der politischen Abolitionisten auf einer Konvention zu Buffalo, daß er sich nicht darnach richten würde, wenn der dritte Artikel der Konstitution zu Gunsten der Auslieferung flüchtiger Sklaven ausgelegt werde, und im Mai 1844 gab die Jahresversammlung der "American Anti-Slavery Society" die Parole aus: „Keine Gemeinschaft mit Sklavenhaltern!", und sagte sich von der Konstitution als einem „Pakte mit dem Tode und einem Uebereinkommen mit der Hölle" ("a covenant with death, and an agreement with hell") los. „Laßt uns mit unseren Institutionen allein!" hatte der Süden so oft dem Norden zugerufen; jetzt antwortete dieser mit denselben Worten. So wenig sich Feuer und Wasser vertragen, so wenig vertragen sich Freiheit und Sklaverei in einer Republik, in welcher die Vertreter beider Richtungen auf ein und demselben Boden, dem Kongresse, zusammentreffen. Die Erbitterung wird zunehmen und der "irrepressible conflict" muß zu einer Lösung drängen.

Mit der Einverleibung von Texas und der Durchführung der Freihandelspolitik feierte die demokratische Partei große Triumphe. Freilich hatte die Annexion von Texas zum Kriege mit Mexico geführt, aber dieser wurde durch den Frieden von Guadaloupe Hidalgo am 2. Februar 1848 glücklich beendet, denn während Mexico mit einer Entschädigungssumme von 15 Millionen Dollars abgefunden wurde, erhielten die Vereinigten Staaten die ungeheuren Gebiete von New Mexico, Utah und Kalifornien zugesprochen, und zwar gerade zu einer Zeit, in der man in Kalifornien Massen von Gold entdeckt hatte, durch das Tausende und Abertausende verlockt wurden, die weiten Ebenen des Westens zu durchwandern und die Gefahren des Hochgebirgs zu überwinden, um an den Goldsand führenden Bächen und Flüssen, die von den schneeigen Höhen der Sierras im raschen Laufe den Gewässern des stillen Ozeans zueilen, das Glück zu erjagen. Rasch, wie kein anderer Staat, blühte Kalifornien, nicht ausschließlich seines Goldes, sondern vielmehr seiner anderen Vorzügen wegen, zu einem der schönsten und prosperirendsten Staatswesen der Union empor.

In Folge der Hungersnoth in Irland anno 1845, aber ganz besonders in Folge der revolutionären Wirren, welche in den Jahren 1848 und 1849 ganz Europa durchtobten, wurden aus den heimathlichen Gauen Tausende von irländischen, deutschen und slavischen Familien vertrieben, welche ihre Blicke sehnsuchtsvoll nach den freien Staaten dieser Union wandten, wo sie nicht nur einen besseren Lebensunterhalt, sondern auch ein unabhängigeres, freieres Dasein zu finden hofften. Immer weiter nach Westen bahnte sich der Einwanderungsstrom seinen Weg, und schon gegen Ende der vierziger Jahre zählten die Territorien Iowa und Wisconsin genug Einwohner, um als Staaten zugelassen zu werden. Dadurch rückte der Schwerpunkt der Bevölkerungsmasse immer weiter nördlich von 36° 30', und wenn sich auch der Einfluß dieser jungen, der Landessprache zumeist noch nicht mächtigen und in der Politik unerfahrenen Volkselemente in der Präsidentenwahl des Jahres 1848 noch nicht so bemerkbar machte, so mußte doch der Zensus von 1850 auf's Unwiderlegbarste das rapide Wachsthum und die zunehmende Stärke des Nordens erweisen. Drei Präsidentschaftskandidaten standen im Jahre 1848 im Felde, nämlich Zachary Taylor von Louisiana mit Millard Fillmore von New York, an der Spitze der Whigs, ferner Lewis Caß von Michigan, als der reguläre demokratische Kandidat, und endlich Martin Van Buren, der Ex-Präsident, als Bannerträger einer neuen Partei, der "*Free-Soilers*", die sich größtentheils aus den Reihen der Abolitionisten, aber auch aus den nördlichen Demokraten und Whigs rekrutirten, und deren Programm sich gegen jede Ausdehnung der Sklaverei in den von Mexiko erworbenen Territorien aussprach. Die Wahl vom 7. November 1848, aus welcher Taylor siegreich hervorging, ergab zwar keine Elektoralstimmen für die Free Soil Partei, aber es waren doch mehr als 290,000 Stimmen für sie abgegeben worden. Das war für die Südländer ein Mene Tekel, das sie bei Tage quälte und des Nachts im Schlafe störte. Schon die zweite Session des dreißigsten Kongresses, die am 4. Dezember 1848 begann, lieferte den Beweis, daß der Norden entschlossen war, seine Freiheit zu behaupten. Alle Bemühungen der Sklavokraten, die neu erworbenen Territorien in ihrem Sinne zu organisiren, scheiterten an der Entschiedenheit, mit welcher sich das Repräsentantenhaus gegen die weitere Ausbreitung der Sklaverei wehrte, und alle Anstrengungen des Senators von Illinois, Stephen A. Douglas, Kalifornien sofort als Staat der Union einzuverleiben, blieben fruchtlos, weil sich das Repräsentantenhaus nicht dazu verstehen wollte, den Kaliforniern das Recht der Entscheidung, ob Sklaverei oder nicht, zu geben. Nun hielt der Süden die Zeit für gekommen, sich zu konsolidiren, um als Phalanx gegen die Freiheitsschaaren des Nordens vorzurücken. Am 23. Dezember 1848 fand in der Halle des Senats die erste Konvention der Sklavokratie statt, an welcher 68 Mitglieder des Kongresses theilnahmen, und in welcher ein gewisser Bayley von Virginia eine Reihe von Beschlüssen vorlegte, die sich hauptsächlich auf die Virginia Resolutionen von 1798 stützten. Diese Beschlüsse wurden an ein Komite verwiesen, das aus je einem Vertreter der sklavokratischen Staaten zusammengesetzt sein sollte. Die nächste Sitzung fand am 15. Januar 1849 statt, und mehr als 80 Mitglieder des Kongresses waren zugegen, darunter auch Calhoun, der in längerer Rede seine Ansichten über Staatenrechte und die Zentralregierung entwickelte und zum Schlusse der Konvention empfahl, eine Adresse zu erlassen, in welcher die von der Konstitution gewährleisteten Rechte auseinandergesetzt, das Institut der Sklaverei gerechtfertigt, die verfassungswidrige und aufrührerische Agitation der nördlichen und freien Staaten getadelt und der Süden zu einem einigen Vorgehen in der eingetretenen Krisis ermuntert und ermahnt werden sollte, sich in Bereitschaft zu halten, damit er im äußersten Falle, im Stande sei, seine Rechte zu vertheidigen. Am 22. Januar unterzeichneten 48 Mitglieder des Kongresses, darunter zwei Whigs, die Adresse, von welcher sofort 30,000 Exemplare gedruckt und verbreitet wurden. Der Süden leistete diesem Aufrufe willig Folge und bildete von jener Zeit an die von den Führern gewünschte Phalanx, die zu durchbrechen nur einer fanatisirten Energie, wie sie sich wenige Jahre darauf in der republikanischen Partei entwickelte, möglich war, denn daß die Whig Partei niemals ernstlich gegen das Hinausdrängen der Sklavokratie über die Schranken des Missouri-Kompromisses Front machen würde, ging aus der zweifelhaften, zu neuen Kompromissen führenden Haltung ihrer hervorragendsten Führer aufs Klarste hervor. Sehr treffend schilderte Theodore Parker die beiden Hauptparteien jener Zeit wie folgt: „Die Whigs bilden die Minorität und beten das Geld an, weil sie reich sind; für sie ist der Millionär das höchste soziale Produkt. Die Demokraten aber bilden die Majorität, weil sie noch nicht reich sind, es aber gerne werden möchten. Der Whig ist ein alter Demo-

trat und der Demokrat ein junger Whig. In der Kaufmannssprache zu
reden, ist der Demokrat ein Whig auf Zeit, und der Whig ein fällig gewor=
dener Demokrat. Das ist der ganze Unterschied.

Taylor starb am 9. Juli 1850, und unter seinem Nachfolger im Amte,
F i l l m o r e, erhielt eine Maßnahme von u n e n d l i c h e r T r a g w e i t e
Gesetzeskraft. Es war dies der berüchtigte Kompromiß=Akt vom Septem=
ber 1850, ein Akt, welcher thatsächlich den Missouri=Kompromiß zu Gunsten
der Sklavokratie annullirte, u n d d i e f r e i e n S t a a t e n z u d e n
S c h e r g e n d e r S ü d s t a a t e n h e r a b w ü r d i g t e. Die von Henry
Clay zubereitete Kompromiß=Bill schlug vor: 1. Daß California als
f r e i e r S t a a t in die Union aufgenommen werde; 2. Daß das Territo=
rium Utah o h n e R e striktion in Bezug auf die Sklaverei organisirt
werde; 3. Daß das Territorium New Mexico unter denselben Bedingun=
gen wie Utah gebildet und die Summe von 10 Millionen Dollars an Texas
bezahlt werde, um dessen Ansprüche auf mexikanische Ländereien zu befriedi=
gen; 4. Daß der Sklavenhandel im Distrikt Columbia aufgehoben, a b e r
e i n G e s e t z f ü r d a s E i n f a n g e n u n d Z u r ü c k l i e f e r n e n t=
s p r u n g e n e r S k l a v e n e r l a s s e n w e r d e.

Da nämlich in Folge der eifrigen Agitation der Abolitionisten sehr häu=
fig Sklaven, besonders aus den Grenzstaaten, in die freien Staaten entflohen
waren, verlangte die südliche Koalition vom Kongresse ein Sklavenfang=Ge=
setz, und daß sich Clay dazu hergab, es zu formuliren und einen Kompro=
miß abzuschließen, der nach seiner Ansicht beide Landestheile befriedigen
sollte, aber in Wirklichkeit keinen befriedigt, im Norden sogar allgemeine
Entrüstung hervorgerufen hat, ist seinem unbändigen, bis dahin noch immer
nicht gestillten Ehrgeiz auf die Präsidentschaft zuzuschreiben.

Das Sklavenflüchtlings=Gesetz war im Wesentlichen nur eine Auf=
frischung, aber auch zugleich eine Verschärfung des Gesetzes von 1793.
Jeder Neger konnte auf das Zeugniß zweier Weißen hin von seinem angeb=
lichen Herrn reklamirt werden; das Urtheil eines B e a m t e n (also keiner
Jury) genügte, um das lebende Eigenthum (Chattel) jedem darauf Anspruch
machenden Besitzer zu überliefern. Jeder Weiße w a r b e i S t r a f e
v e r p f l i c h t e t, b e i E r g r e i f u n g f l ü c h t i g e r S k l a v e n m i t
H a n d a n z u l e g e n.

In Folge der irisch=katholischen Mithilfe und des Beistandes jener
deutschen Achtundvierziger, die sich durch die Bezeichnung „D e m o k r a t"
und durch das Freihandelssystem hatten verleiten lassen, siegte im Wahl=
kampf von 1852 die demokratische Partei; theilweise wohl auch deßwegen,
weil sie sich von den zu jener Zeit stark hervortretenden nativistischen und

temperenzlerischen Bestrebungen frei zu halten suchte. In ihrer Platform hieß es: „Wir wollen alle Versuche innerhalb oder außerhalb des Kongresses, die Sklavenfrage anzuregen, zurückweisen, mag sie unter was immer für einer Form vorgebracht werden." Da auch die Prinzipienerklärung der Whig Partei einen ähnlichen Passus enthielt, zogen sich Tausende von freisinnigen Elementen von dieser zurück, und sie unterlag mit ihrem Kandidaten Winfield Scott auf eine ganz schmähliche Weise, da Scott blos die Elektoralstimmen von Massachusetts, Vermont, Kentucky und Tennessee, im Ganzen 42, erhielt, während auf den demokratischen Kandidaten F r a n k l i n P i e r c e von New Hampshire 254 von den 296 entfielen.

Pierce war eine nordländische Puppe der Sklavokratie. Unter ihm und seinem Nachfolger Buchanan stand der Süden auf der Höhe seiner Macht; die durch den Missouri=Kompromiß gezogenen Schranken wurden durchbrochen, und die Landes=Exekutive zeigte sich in Allem als willfähriges Werkzeug im Dienste des südlichen Junkerthums. Schon gleich in seiner Antrittsbotschaft erklärte der neuerwählte Präsident die Sklaverei für v e r f a s s u n g s m ä ß i g, verlangte die strenge Durchführung des Sklavenflüchtlings=Gesetzes und sprach die Hoffnung aus, daß „keine sektionelle, ehrgeizige oder fanatische Aufregung von Neuem die Dauerhaftigkeit der Institutionen bedrohen würde." Damit sanktionirte die Zentralregierung die Einführung der Sklaverei in die Territorien, sofern sie die Einwohner derselben haben wollten. Die Sklaverei, die bis dahin ein lokales Uebel gewesen, durfte sich unter dem Schutze der Regierung über die weiten Gebiete des Südwestens verbreiten, und wie sehr es der Regierung ernst war, ihre Theorien in der Praxis zu erhärten, zeigte sich in dem K a n s a s = N e b r a s k a = S t r e i t e, welcher die Brandfackel des Bürgerkrieges entzündete.

Im Dezember 1853 brachte Douglas im Senate eine Bill für Organisation der Territorien Kansas und Nebraska ein. Die Bill enthielt keine Restriktionen in Bezug auf die Sklaverei, die Entscheidung darüber sollte der Bevölkerung der Territorien überlassen werden. Nun liegen aber beide Gebiete n ö r d l i c h von 36°30' und gehörten daher zu jenem Gebiete, das der Missouri Kompromiß für immer von der Sklaverei ausgeschlossen hatte. Trotz der energischen Opposition, welche die Bill nicht nur im Kongresse, sondern im ganzen Norden erregte, erlangte sie doch am 31. Mai 1854 durch die Unterschrift des Präsidenten Gesetzeskraft.

VII.

Das führte zur Gründung der republikanischen Partei, deren Hauptzweck darin bestand, dem Weiterfressen des sklavokratischen Krebsgeschwürs den größtmöglichen Widerstand entgegenzusetzen.

Der Kampf entbrannte zunächst in Kansas, wohin Pierce gefügige Werkzeuge des Südens als Territorial-Beamte geschickt hatte. Da es nach dem neuen Gesetze der Bevölkerung des Territoriums überlassen blieb, ob sie sich auf Seiten der Sklavenhalter oder der freien Männer stellen wollte, waren sowohl die Pro-Sklavereileute, als auch die freien Nord= staaten bestrebt, die Vertreter ihrer Interessen dorthin zu senden, damit sie sich im Territorium niederlassen und dessen politische Gestaltung beeinflußen möch= ten. Es war besonders das sklavokratische Missouri, das seine schlimmsten Grenz= strolche nach Kansas schickte, damit sie den "Freesoilers" das Leben verlei= deten; es kam häufig zu blutigen Auftritten zwischen den streitenden Parteien, und politische Morde waren etwas Alltägliches.

Der 30. März 1855 war Wahltag für den gesetzgebenden Körper, und schon während der Nacht rückten die Missourier etwa 1500—2000 Mann stark mit Lebensmitteln, Zelten, Wagen, ja sogar mit zwei Kanonen ver= sehen und bis an die Zähne bewaffnet, in Kansas ein, besetzten verschiedene Wahlplätze und verhinderten jene Bürger am Stimmen, welche als Anti= Sklavereileute bekannt waren. Dort, wo sie es nicht verhindern konnten, daß der Kandidat der Freiheitspartei die Majorität erlangte, zogen sie nachträglich hin und vernichteten die Stimmkästen. Natürlich siegte die Sklavokratie, und am 31. März 1855 konnte der „Kansas Herald" mit lautem Krähen verkünden: „Gestern war ein stolzer und glorreicher Tag für die Freunde der südlichen Rechte. Der Triumph der Sklavenpartei ist vollständig und überwältigend. Kommt Alle, Ihr Männer aus dem Süden, bringt Eure Sklaven mit und füllt das Territorium mit ihnen an. Kansas ist gerettet, der Abolitionismus geschlagen, seine Festungen sind zerstört und seine Fahnen in den Staub getreten!" Diese Bulldoserei war selbst dem demokratischen Gouverneur Reeder zu arg, und er erklärte verschiedene offenbar gefälschte Wahlberichte für ungültig. Dafür drohte ihm der „Kansas Pioneer" mit dem Galgen, und Präsident Pierce setzte ihn ab, um den viel gefälligeren Shannon von Ohio mit der Gouverneurswürde zu bekleiden. Kansas blieb darauf lange Jahre hindurch der Schauplatz offe= ner Gewaltthaten und ungesetzlicher Vorgänge aller Art, weil sich die zwei Parteien, die Freesoilers mit der Verfassung von Topeka und die Südpartei mit der Konstitution von Lecompton, bis auf's Messer bekämpften. Auch der Kongreß hatte sich mit diesem Parteihaber zu beschäftigen, und während das Repräsentantenhaus zur freien Sache stand, traten Senat und Exekutive für die Sklavokratie in die Schranken. Es war bei einer solchen Gelegenheit, daß der südcarolinische Repräsentant Brooks den Senator S u m n e r von Massachusetts meuchlings auf dessen Sitz überfiel und beinahe todt schlug, für welch heroische That ihm vom Süden goldbeknopfte Stöcke und andere Ehrengaben zugeschickt wurden.

Die Aufhebung des Missouri=Kompromisses, die Vorgänge in Kansas und das brutale Verhalten der Sklavenbarone im Kongresse bewirkten, daß der jungen r e p u b l i k a n i s c h e n Partei rasch die Schwingen wuchsen. Selbst aus dem demokratischen Lager erhielt sie Verstärkung, wodurch sie schon im 34. Kongreß im Stande war, allerdings erst, nachdem vom 3. Dezember 1855 bis zum 2. Februar 1856 133 mal ballotirt worden war, den Sprecher des Hauses in der Person von Nathaniel P. Banks von Massachusetts zu erwählen, und in den Staatswahlen im Herbste 1854 wurde die demokratische Partei fast in allen Nordstaaten geschlagen, denn Schaaren deutscher Bürger hatten ihre Reihen verlassen. Hätte sich nicht im Jahre 1854 die sogenannte N i c h t s w i s s e r P a r t e i (Knownothings) gebildet, welche sich mit ebenso dünkelhafter Anmaßung wie eitler Verblendung für den Grundsatz aussprach, daß Amerika von Amerikanern regiert werden, daß keine Person, gleichviel ob hier oder im Auslande geboren, sofern sie einer fremden Macht zum Gehorsam verpflichtet wäre, ein politisches Amt bekleiden, und daß die Erlangung des Bürgerrechtes von einem einundzwanzigjährigen u n u n t e r b r o c h e n e n Aufenthalte in den Vereinigten Staaten abhängig gemacht, sowie die Landung von A r m e n und Verbrechern verboten werden sollte: so würden nicht so viele Fremdgeborene, besonders katholischer Religion, der demokratischen Partei in die Arme gelaufen sein. Die demokratische Partei erklärte sich auf der National=Konvention zu Cincinnati gegen innere Verbesserungen unter Mitwirkung der Bundesregierung. gegen die Knownothings, für den Kompromiß von 1850 einschließlich des Sklavenfang=Gesetzes, gegen die Agitation der Abolitionisten und zu Gunsten der Kansas=Nebraska=Bill in dem Sinne, daß das Volk in denjenigen Staaten, welche aus den Territorien gebildet werden, das Recht haben soll, die Sklaverei zu gestatten oder zu verbieten. Als ihren Präsidentschaftskandidaten nominirte die Partei J a m e s B u c h a n a n von Pennsylvanien.

Die republikanische Partei erwählte J o h n C. F r e m o n t als ihren Bannerträger und zog mit folgendem Programm in die Wahlschlacht: Opposition gegen die Einführung der Sklaverei in den Territorien; weder

der Kongreß noch die Territorialgesetzgebung, weder eine Gesellschaft noch ein Individuum sollte unter der Konstitution ein Recht haben, die Sklaverei daselbst zu legalisiren. Konstitutionelle Befugniß und Verpflichtung des Kongresses, Sklaverei und Polygamie in den Territorien zu verbieten; Impeachment des Präsidenten, seiner Kabinetsmitglieder und Mitschuldigen wegen der Unterdrückung von Freiheit und Recht in Kansas, und Aufnahme von Kansas als Staat unter seiner freien Verfassung; ferner sprachen sich die Resolutionen gegen die geplante Annexion von Cuba, für eine zentrale Eisenbahn nach dem pazifischen Ozean und für innere Verbesserungen im Allgemeinen aus. Glücklicherweise machten die Knownothings auf ihrer National=Konvention in Philadelphia, auf der sie sich auf's Entschiedenste für Staatenrechte, für die Sklaverei im Allgemeinen und ihre Beibehaltung im Distrikt Columbia im Besonderen aussprachen, eine so reaktionäre Schwenkung, daß sich die besseren anglo=amerikanischen Elemente, nachdem sie ihrem Fremdenhaß eine Zeit lang Genüge geleistet und sich an den Geheimnissen der Knownothing=Logen gesättigt hatten, von ihr trennten. Das waren die drei Parteien, welche sich in einem aufgeregten Wahlkampf um die Herrschaft stritten, die im November 1856 der Demokratie, also in erster Linie der Sklavokratie zufiel. Buchanan erhielt 1,838,189, Fremont 1,341,264 und Fillmore, der Kandidat der Nativisten, 874,534 Stimmen.

B u c h a n a n's Administration bildet eines der widerlichsten Kapitel in der Geschichte unseres Landes, denn sie war von Anfang an ein Verrath an der Union, sie blamirte sich nach Außen und prostituirte sich nach Innen. Oder endeten etwa die Anstrengungen des Präsidenten, die Insel Cuba von Spanien zu erwerben, die von ihm geplante Expedition nach Paraguay und der von ihm forcirte Feldzug gegen die Mormonen nicht in einer Blamage? War nicht während seines Amtstermins die Korruption in Regierungskreisen in ein so alarmirendes Stadium getreten, daß der Kongreß sich genöthigt sah, einen Ausschuß zu ernennen, um die vom Präsidenten und seinen Beamten vollführten Bestechungen zu untersuchen? Hat er nicht die Heimstätte=Bill, die dafür sorgte, daß jedem Ansiedler 160 Acker Land unentgeltlich überlassen wurden, mit seinem Veto belegt? Hat er nicht dazu beigetragen, daß sich der afrikanische Sklavenhandel wieder belebte? Hat er die Gouverneure von Kansas und Nebraska nicht ruhig gewähren lassen, als sie die gegen die Sklaverei gerichteten Beschlüsse der Legislaturen verwarfen? Hat er nicht ruhig zugesehen, wie der Süden, der sich über den herannahenden Sturm nicht täuschte, seine Arsenäle und Magazine füllte, Kriegsmaterial aller Art und Proviantgegenstände aus dem Norden fortschleppte und in sicheren Gewahrsam brachte? „Wen die Götter verderben wollen, den schlagen sie mit Blindheit." Buchanan und seine Anhänger gewahrten nicht, wie es in den Nordstaaten gährte, sie hörten nicht das prophetische Wort Seward's, der in seiner berühmten Rede, gehalten am 25. Oktober 1858 zu Rochester, N. Y., auf den "irrepressible conflict," auf den nicht zu versöhnenden Gegensatz zwischen Freiheit und Sklaverei hinwies. Schon war das Maß zum Ueberlaufen voll, schon holte der Hammer zum Schlage aus, der die Stunde zu verkünden hatte, in welcher das neue, das wach=sende Recht, wie es die Kinder der Neuzeit v e r l a n g e n, dem alten, von den „Vätern" geschaffenen Rechte, wie es die Konservativen v e r t h e i=b i g e n, ein „bis hieher und nicht weiter" diktiren sollte. Und sonderbar, die höchste Instanz, wo Recht gesprochen wird, das Bundes=Obergericht, füllte das Maß zum Ueberlaufen, trieb das Rad vorwärts, bis der Hammer fiel, denn sie entschied in der D r e d d S c o t t Affaire, daß der Missouri=Kompromiß u n k o n s t i t u t i o n e l l sei, und daß ein Sklave, der von seinem Herrn in einen Freistaat mitgenommen werde, ein Sklave bleibe. Durch diese Entscheidung des obersten Gerichtshofes, der schon seit zwanzig Jahren im Parteiinteresse des Südens durch südstaatlich oder gut demokra=tisch gesinnte Richter ergänzt worden war, wurde der Unterschied zwischen freien Staaten und Sklavenstaaten aufgehoben, die Sklavenbarone konnten mit ihrem lebendigen Eigenthum die Nordstaaten und den Westen über=schwemmen, und der republikanischen Partei ward das Bischen Rechtsgrund entzogen, das ihr noch geblieben war.

Von jetzt an mußte das Recht, d a s w e r d e n s o l l t e, das Recht, wie es der Freiheit und dem Fortschritte entsprach, die Bahn der R e v o l u=t i o n betreten. Hätten die Väter der Republik genau ausgeklügelt, ob sie ein verbrieftes Recht hatten, das englische Joch abzuschütteln, sie würden sich nie Freiheit und Unabhängigkeit erobert haben; als sie aber das Recht, d a s s i e h a b e n w o l l t e n, aus den Wolken herabholten und sich als e i n V o l k (one people) in der Unabhängigkeitserklärung feierlich von England lossagten, da zerrissen sie g e w a l t s a m die Bande, mit denen sie an's Mutterland geheftet waren, und betraten die Bahn der Revolution.

Die Sprache der Abolitionisten war von Anbeginn an eine revolutio=näre, und die r e p u b l i k a n i s c h e Partei, die sich auf konstitutioneller Basis zu bewegen glaubte, wurde vom Geiste der Revolution vorwärts ge=trieben, sie brach den Rechtsanschauungen des Nordens gewaltsam Bahn, in ihr sammelte sich die Lebensenergie der Union, und sie war berufen, das lose Gefüge der Vereinigten Staaten zusammen zu halten, damit das Wachsthum des G a n z e n fürderhin gedeihen, aus der Union der Staaten E i n S t a a t und aus den Völkerschaften E i n e N a t i o n werden konnte.

Der vereitelte Versuch des Fanatikers John Brown, die Sklaven in Virginia zu bewaffnen und einen Aufstand zu entzünden, entfesselte vollends die Wuth des Südens, und trotzdem die republikanische Partei jede Verantwortlichkeit hiefür von sich wies und offen bekannte, daß es nicht in ihrer Absicht liege, die Sklaverei in den Südstaaten aufzuheben, wurde sie doch als die Partei angesehen, in welcher sich das revolutionäre abolitionistische Element und alle Jene angesammelt hatten, welche der Politik der Südstaaten widerstrebten. Ueberdies wurde John Brown im Norden von Vielen als Märtyrer gepriesen, und man besang seine Thaten in Liedern wie: „John Brown, geh' uns voran zum Himmel."

So waren die Gegensätze, welche zur Zeit der Gründung der Union von keiner besonderen Bedeutung erschienen und daher in der Konstitution vermittelt werden konnten, allmählich, und zwar aus sich selbst heraus, zu mächtigen und unversöhnbaren Widersprüchen herangewachsen, welche nicht länger n e b e n e i n a n d e r existiren konnten. Der "irrepressible conflict" mußte zum Austrage kommen, und weil alle Vermittlungsversuche scheiterten, kein Kompromiß mehr im Stande war, den Zusammensturz zu verhüten, so mußte der "ultima ratio" der Völker, den Kanonen, die Entscheidung überlassen werden.

Und diese Entscheidung kam mit der Präsidentenwahl von 1860. Vier Parteien standen im Felde, nämlich die südlichen Demokraten mit B r e c k i n r i d g e, die nördlichen Demokraten mit D o u g l a s, die Republikaner mit L i n c o l n und die sogenannten Unionisten, deren vage Platform lautete: „Die Konstitution des Landes, die Union der Staaten und die strenge Durchführung der Gesetze," mit B e l l von Tennessee.

Im Programm der R e p u b l i k a n e r hieß es: „Die neue Lehre, daß die Konstitution ihrer eigenen Bestimmung zufolge die Sklaverei in allen Territorien gestatte, ist eine gefährliche politische Ketzerei, im geraden Widerspruche mit den ausdrücklichen Vorschriften jenes Schriftstückes selbst, mit den Erklärungen der Zeitgenossen der Revolution und mit früheren Entscheidungen der Gerichte und Gesetzgeber. Sie ist revolutionär in ihrem Endziel und untergräbt den Frieden und die Eintracht des Landes. Alles Gebiet der Vereinigten Staaten ist eigentlich ein freies. Da unsere republikanischen Vorfahren, als sie in allen unseren nationalen Territorien die Sklaverei abschafften, verordneten, daß Niemand ohne gesetzlich vorgeschriebene Prozedur des Lebens, der Freiheit oder des Eigenthums beraubt werden darf, so ist es unsere Pflicht, durch gesetzgeberische Maßregeln, so oft solche nothwendig werden, diese Bestimmungen der Konstitution gegen jeden Angriff aufrecht zu halten. Wir sprechen daher dem Kongreß, jeder Territorial-Regierung oder irgend welchen Individuen die Befugniß ab, die Sklaverei in einem Territorium der Vereinigten Staaten zu sanktioniren." „Wir brandmarken," heißt es weiter, „die neuerdings stattgehabte Wiedereröffnung des afrikanischen Sklavenhandels, unter dem Schutze unserer nationalen Flagge und unterstützt durch falsche Anwendung der richterlichen Gewalt, als ein Verbrechen gegen die Humanität, als eine himmelschreiende Schande für unser Land und unser Zeitalter, und wir verlangen vom Kongresse, daß er unverzüglich wirksame Maßregeln ergreife, diesem verabscheuungswürdigen Handel für immer ein Ende zu machen!" Die Platform forderte ferner in entschiedener Weise die sofortige Zulassung von Kansas als Freistaat, sprach sich zu Gunsten des Heimstättegesetzes und gegen die Aenderung der Naturalisationsgesetze aus, erklärte es als eine der Aufgaben des Kongresses, Gelder für innere Verbesserungen nationalen Charakters zu bewilligen, und befürwortete den Bau der Pacific Eisenbahn.

Die **Süd-Demokraten** erklärten in ihrem Wahlprogramm, daß jeder Bürger das Recht habe, in die Territorien zu ziehen und sein Eigenthum, also auch die Sklaven, mitzunehmen; sie verlangten ferner, daß der Kongreß die Rechte der Sklavenbesitzer in den Territorien durch Gesetze beschütze, rügten die Gesetzgebungen jener Staaten, welche durch gewisse Akte die Durchführung des Sklavenflüchtlings-Gesetzes erschwerten und befürworteten die Erwerbung der Insel Cuba.

Die **Douglas-Demokraten** behaupteten, daß es die ausschließliche Angelegenheit der weißen Bevölkerung eines Territoriums sei, ob sie Sklaverei haben wolle oder nicht, und daß weder der Kongreß noch das Volk im Allgemeinen ein Recht habe, sich drein zu mischen. Douglas wollte zwar die Selbständigkeit der Staaten, aber auch die Aufrechterhaltung der Union in ihrem ganzen Umfange; er verdammte die Sklaverei nicht, wollte sie aber doch nicht über das ganze Land verbreitet sehen. Dieser Zwiespalt in der demokratischen Partei verhalf den Republikanern zum Siege. Den Süd-Demokraten oder besser Sklavokraten lag überhaupt nichts mehr an der **Union**, die sie in Folge der enormen Bevölkerungszunahme im Norden nicht mehr beherrschen konnten. Um die **Sklaverei**, ihre Lieblings-Institution, zu retten, **wollten sie die Sezession**, die sie denn auch sofort nach der Erwählung **Abraham Lincoln's** in Szene setzten.

Lincoln erhielt von den 303 Elektoralstimmen 180, Breckinridge 72, Bell 39 und Douglas 12. Im Ganzen wurden 4,662,170 Stimmen abgegeben, davon entfielen auf:

Lincoln 1,857,610
Douglas 1,365,976
Breckinridge 847,953
Bell 590,631

Lincoln erhielt also nur etwas über ein **D r i t t e l** aller am 6. November 1860 abgegebenen Stimmen. Schon am 17. Dezember, also lange vor der Inauguration Lincoln's, wurde auf Anregung der Legislatur in South Carolina eine Staatskonvention abgehalten, welche am 20. Dezember die Lostrennung des Staates von der Union **e i n s t i m m i g** beschloß. Bald folgten andere Baumwollenstaaten nach, so im Januar 1861 Mississippi, Alabama, Florida, Georgia und Louisiana und am 1. Februar Texas. Buchanan aber und sein Kabinet waren der Ansicht, daß weder der Kongreß noch die Exekutive ein Recht habe, einen Staat zu **z w i n g e n**, im Unions-Verbande zu verbleiben. Der Süden ließ sich auch auf keine Kompromisse weiter ein und wies alle versöhnenden Vorschläge, die von konservativen Männern des Nordens wie des Südens gemacht wurden, entschieden zurück. Am 4. Februar 1861 hielten die abgefallenen Staaten zu Montgomery in Alabama eine gemeinschaftliche Konvention ab, auf der sie sich eine Konstitution gaben und unter dem Namen „**K o n f ö d e r i r t e   S t a a t e n   v o n   A m e r i k a**" organisirten. **J e f f e r s o n   D a v i s** von Mississippi wurde zum Präsidenten und **A l e x a n d e r H. S t e p h e n s** von Georgia zum Vize-Präsidenten der Konföderation gewählt. Alles Vereinigten Staaten-Eigenthum, wie Festungen, Arsenäle, Zollgebäude, Schiffe etc., das sich innerhalb der Grenzen der sezedirten Staaten befand, wurde mit Beschlag belegt, und nur Fort Sumter im Hafen von Charleston und Fort Pickens bei Pensacola in Florida waren noch im Besitze der Vereinigten Staaten, als am 4. März 1861 Präsident Lincoln sein Amt antrat.

In seiner Antrittsbotschaft, der man mit größter Spannung entgegensah, erklärte Lincoln, daß er weder das Recht noch den Willen habe, an der Institution der Sklaverei in den Staaten, wo sie bestehe, zu rütteln, daß er die Souveränetätsrechte der Staaten, soweit sie ihre häuslichen Angelegenheiten betreffen, anerkenne und sogar das Sklavenflüchtlings-Gesetz für konstitutionell und nothwendig halte, daß aber kein Staat das Recht habe, aus der Union auszuscheiden, daß ein Sezessionsbeschluß vor dem Gesetze null und nichtig und jede Widersetzlichkeit gegen die Bundesautorität revolutionär sei; daß er daher die Union noch immer als ein **G a n z e s** betrachte und ihre Gesetze in allen Staaten zur Ausführung bringen werde, wenn möglich ohne Gewalt und Blutvergießen, daß er aber fest entschlossen sei, alle Forts und öffentlichen Gebäude im ganzen Umfange der Union wieder in Besitz zu nehmen und allerorts die Steuern und Zölle des Bundes zu erheben. „In euren Händen, meine unzufriedenen Mitbürger", schloß die Botschaft, „und nicht in den meinigen, liegt das furchtbare Geschick eines Bürgerkrieges. Die Regierung wird euch nicht angreifen, ihr werdet keinen Kampf zu bestehen haben, wenn ihr nicht selbst die Angreifer seid!"

Drei Jahre vorher, am Schluß der republikanischen Staatskonvention zu Springfield, Illinois, hatte Lincoln die folgenden prophetischen Worte gesprochen: „Ein Haus, das in sich selbst getheilt ist, kann nicht bestehen. Ich glaube, diese Regierung kann es nicht für immer aushalten, halb der Sklaverei und halb der Freiheit zu dienen. Ich erwarte nicht, daß die Union aufgelöst werde, ich glaube nicht, daß das Haus einfällt, aber ich erwarte, daß es a u f h ö r t, g e t h e i l t z u s e i n. D a s e i n e o d e r d a s a n d e r e m u ß e s g a n z s e i n." Damals hatte der Redner noch keine Ahnung, daß es ihm vorbehalten blieb, das Haus vor dem Einsturze zu bewahren u n d a u s d e r U n i o n e i n e e i n h e i t l i c h f r e i e z u m a c h e n.

Fort Sumter fiel, und der blutigste aller Bürgerkriege, in welchem ü b e r e i n e M i l l i o n Menschen theils getödtet, theils schwer verwundet wurden, war entfesselt. Nach vierjährigem, furchtbarem Ringen, und erst nachdem der Süden seine letzte Kraft erschöpft hatte, besetzten die Unions= Truppen unter G r a n t am 3. April 1865 Richmond, und am 9. April sah sich Lee, dessen Versuch, eine Verbindung mit Johnston in North Carolina herzustellen, vereitelt worden war, gezwungen, bei A p p o m a t t o x C o u r t H o u s e die Waffen zu strecken. Johnston, dem hierauf alle Hoffnung genommen war, gegen Grant und Sherman Stand zu halten, übergab sich am 26. April, und kurze Zeit nachher war kein konföderirter Truppenkörper mehr im Felde, das Ringen war zu Ende, die Union erhalten, die Sklaven befreit (Proklamation Lincoln's am Neujahrstage 1863), der erste Versuch, die Theorie der Nullifikation durch Sezession praktisch zur Geltung zu brin= gen, kraft der Unionsenergie zu Gunsten der Einheit entschieden und im ganzen Lande das Prinzip der freien Arbeit zum allein berechtigten erhoben.

Eine furchtbare Rache jedoch nahm noch die Sklavokratie, ehe sie sich dem Unabwendbaren beugte. Mitten in den Siegesjubel hinein, der über= all im Norden nach der Besetzung von Richmond und der Gefangennahme Lee's herrschte, drang plötzlich die Trauerkunde, daß Lincoln von dem Schau= spieler Wilkes Booth im Theater erschossen und Seward in seinem Hause durch Mörderhand lebensgefährlich verwundet worden sei.

Aber der Norden wollte nicht Vergeltung, sondern Versöhnung üben, und so wurde nicht einmal Jefferson Davis, der so viel Leid über das Land gebracht, mit dem Tode bestraft. Schon im Mai 1865 erließ Andrew Johnson, der Nachfolger Lincoln's im Amte, eine Proklamation, in welcher er, mit Ausnahme gewisser Klassen, alle Personen amnestirte, die auf Seiten der Konföderation gekämpft hatten. Er ernannte für die Südstaaten provisorische Gouverneure und beauftragte dieselben, Staatskonventionen einzuberufen, damit das alte Verhältniß zur Union wieder hergestellt werde, und zwar sollten die Staaten die Lostrennungsakte für aufgehoben sowie ihre Kriegsschulden für ungültig erklären und das 13. Amendement zur Konstitution, die Aufhebung der Sklaverei betreffend, unterzeichen. Damit zeigten sich denn auch alle ex-konföderirten Staaten einverstanden, aber der Kongreß differirte vom Präsidenten und wollte die Aufnahme der Staaten in die Union von weiteren Bedingungen abhängig gemacht wissen, die in einem 14. Zusatzartikel zur Konstitution zusammengefaßt wurden. Der Konflikt zwischen dem Kongresse und der Exekutive wurde immer drohender, und im Februar und März 1867 passirte der Kongreß **über das Veto des Präsidenten** hinweg ein **Rekonstruktions-Gesetz** und verschiedene andere Gesetze, welche die Bedingungen vorschrieben, denen sich die Südstaaten zu unterwerfen hatten; bis zur Annahme derselben sollten sie von Militär-Gouverneuren regiert werden. Nur allmählich und mit dem größten Widerwillen fügte sich der Süden den Rekonstruktionsbestimmungen, und erst unter Grant nahm der letzte der konföderirten Staaten das vierzehnte und fünfzehnte Amendement zur Bundesverfassung an und wurde dadurch wieder ein organischer Theil der zum einheitlichen Staatswesen emporstrebenden Union.

Der Konflikt zwischen dem Kongresse und der Exekutive führte schließlich in Folge einer Umgehung der im März 1867 vom Kongresse erlassenen Tenure of Office Bill von Seiten Johnson's, der den Kriegsminister Stanton ohne Zustimmung des Senats seines Amtes entsetzt hatte, zum Impeachment des Präsidenten, welches das Repräsentantenhaus am 24. Januar 1868 einleitete. Der Senat konstituirte sich als Gerichtshof, und ein langwieriger Prozeß begann, welcher mit der Freisprechung Johnson's endete, weil die zu einer Verurtheilung erforderliche Zweidrittelsmajorität nicht erlangt werden konnte. Eine **einzige** Stimme fehlte.

VIII.

In der Präsidentenwahl vom Jahre 1868 waren blos zwei Parteien im Felde. Die Demokraten mit Horatio Seymour von New York und die Republikaner mit dem General U. S. G r a n t von Illinois. Der Sieg fiel, wie kaum anders zu erwarten war und jeder Patriot wünschen mußte, den Republikanern zu.

Schon während des Krieges war, hauptsächlich in Folge der eingeschlagenen Schutzzoll-Politik, die Industrie im Norden zu ungeheurer Entwicklung gelangt, Fabrikbesitzer und Kaufleute waren reich geworden, und selbst Handwerker und gewöhnliche Arbeiter hatten so viel verdient, daß sie Ersparnisse anlegen, Heimstätten kaufen und ein unabhängiges Leben führen konnten. Die hohen Arbeitslöhne brachten Geld unter das Volk, und dieses gibt gerne viel aus, wenn es viel einnimmt. Dadurch belebt sich Handel und Wandel, Waaren finden raschen Absatz, die Bedürfnisse wachsen, und der Kredit gibt Raum für die Spekulation, die schließlich stets in eine wilde Jagd nach fiktiven Werthen ausartet. So war denn auch während Grant's erstem Termine eine Art Verschwendungsmanie in's Land gekommen; der Städter wie der Farmer, der Arbeitgeber wie der Arbeiter führten zumeist ein Leben, dessen Unterhalt mehr kostete, als ihr Jahreseinkommen betrug, und überall, wohin man blickte, wurde toller Luxus getrieben; die Aktienbörse florirte, und im Grundeigenthumsmarkte brachte das Kartoffelland an den Stadtgrenzen riesige Preise. Man dachte mehr an's Schuldenmachen als an's Bezahlen, und selbst der Farmer ließ im Store der Village ankreiden und kaufte Maschinen und Grundstücke, wofür er Noten und Hypotheken ausstellte. Braucht man sich unter solchen Verhältnissen zu wundern, wenn es auch im Gebiete der Politik an's „Gründen" geht, daß auch in die Bureaus der Beamten, in die Hallen der Gesetzgebung bis hinauf in den Kongreß die allgemeine Krankheit dringt, welche schließlich sogar Senatoren und Bundesrichter, Gesandte und Minister ansteckt und einzelne von ihnen in's Verderben zieht? Man war hier in Amerika gar schnell mit einem Schlagworte bei der Hand und hat die Krankheit, so weit sie in der herrschenden Partei zu sehen war, mit „G r a n t i s m u s" bezeichnet. Aber mit welchem Rechte? Grant war für die Krankheit so wenig verantwortlich, wie für den Krach, der während seines zweiten Termins eintrat; an der Krankheit waren ebensowenig die republikanische Partei und die von ihr vertretenen Prinzipien Schuld, wie die Prinzipien der demokratischen Partei unter Jackson Ursache der Schwindelperiode waren, die mit dem Krache von 1837 endete. Spukte der Grantismus etwa auch in Oesterreich unter dem Bürgerministerium, in einer Periode, die einen

Ofenheim zeitigte und den Minister Giskra zu Falle brachte? Oder in Deutschland, nachdem die Milliarden in's Land gekommen waren, war es auch dort Grantismus, von dem der Geheime Regierungsrath Wagener, der Oberstdruchseß Fürst Putbus, der Prinz Biron und Andere angesteckt wurden? Es liegt keineswegs in der Absicht dieser Schrift die unskrupulöse Patronage, die Grant seinen Verwandten und Freunden zuwandte, das an Halsstarrigkeit gränzende blinde Zutrauen, das er selbst noch den gefallenen Größen seiner Freundschaft schenkte, sein Verhalten den Betrügereien im New Yorker Zollhaus und der Carpetbaggerwirthschaft im Süden gegenüber oder andere Fehler seiner Administration, w. z. B seine St. Domingo Politik oder den Waffenschacher während des deutsch-französischen Krieges entschuldigen oder gar beschönigen, am allerwenigsten aber Grant für einen dritten Termin zurechtstutzen zu wollen, sondern es sollte nur nachgewiesen werden, wie die unter Grant's Administration so üppig aufgeschossene Korruption im Volke selbst wurzelte, wie sie als äußere Erscheinung der überall grassirenden Luxus- und Schwindelseuche, des epidemisch gewordenen Jagens nach schnellem Gewinn anzusehen sei. Wenn Grant die Quelle des Uebels gewesen ist, wie ist dann die rasche Abnahme der Krankheit während seines zweiten Termins zu erklären? Das Einsetzen der Ebbe nach einer mehrjährigen politischen Schwindelfluth kann nur verstanden werden, wenn man den Rückschlag mit der gleichzeitig eingetretenen wirthschaftlichen Krisis, dem Krach von 1873, in Zusammenhang bringt.

Daher war auch die von Karl Schurz, Chas. Sumner und anderen bedeutenden Männern eingeleitete „Reformbewegung" des Jahres 1872 eine „Gründung", welcher jede geschichtliche Basis und jeder staatsmännische Gedanke fehlte, dafür aber so viele Merkmale der Schwindelepoche anhafteten, daß der ehrliche Gründer Schurz schon auf der Cincinnatier Konvention die üble Erfahrung machen mußte, daß er, der zu schieben glaubte, geschoben wurde. Durch die Kombination Greeley-Brown wurde mit der demokratischen Partei eine unstatthafte, weil unlogische und widernatürliche Verbindung abgeschlossen, und es wurde bald dem Einsichtslosesten klar, daß die Liberal Republikaner, weil außerhalb der republikanischen Partei stehend, ihre eigentliche Operationsbasis aufgegeben und sich zu Handlangern der Demokratie herabgewürdigt hatten, daß überhaupt die ganze „Reformpartei" nichts weiter sei, als ein liberal-republikanisch-demokratischer Zwitter, weder im Stande, befruchtend auf die Bildung einer neuen nationalen Partei zu wirken, noch überhaupt in sich selbst zu wachsen und zu erstarken. Das Urtheil des Volkes fiel denn auch im

November 1872 demgemäß aus. G r a n t, der am 5. Juni von der republikanischen Nationalkonvention zu Philadelphia renominirt worden war, wurde mit größerer Majorität erwählt, als das erste Mal. Die junge Zwitterpartei aber zerfiel noch rascher als sie entstanden war, und sandte ihre Elemente größtentheils wieder in die Lager zurück, woher sie gekommen waren. Der d e m o k r a t i s c h e n Partei jedoch war durch diese, wenn auch nur kurze Allianz ganz bedeutend geholfen, denn das Ausscheiden so vieler und wahrlich nicht der schlechtesten Elemente aus der republikanischen Partei stärkte in hohem Maße die Opposition gegen die Grant'sche Administration, und schon die Staatswahlen in den Jahren 1873 und 1874 zeigten, wie gut es die Demokratie verstanden hatte, die Gelegenheit auszunutzen und unter der „Reform"-Flagge nicht blos ihre Heerschaaren und viele Liberal Republikaner, sondern auch den leicht verschiebbaren Troß der sogenannten „Unabhängigen" und Indifferenten auf ihre Seite zu ziehen. Dazu kam noch die Panik des Jahres 1873, für welche die Demagogen in erster Linie die Administration verantwortlich machten, und der Einfluß der Temperenzfanatiker, welche um jene Zeit in vielen Staaten mit der republikanischen Partei gemeinsame Sache machten. Dadurch wurden viele Deutsche, welche in dieser Frage bekanntlich alle einig sind, in's Lager der Demokratie gedrängt, wo es der dort kampirenden Massen wegen, soweit das Trinken in Betracht kommt, stets liberaler zuging, als im republikanischen.

Nach den Herbstwahlen des Jahres 1874 kannte der Jubel der demokratischen Partei kaum eine Grenze, denn sie hatte von den 37 Staaten der Union 23 erobert und berechnete eine Mehrheit von über 60 Stimmen im Repräsentantenhause des 44. Kongresses, das seit zwölf Jahren eine republikanische Mehrheit von zwei Dritteln hatte. Im Senate verblieb den Republikanern eine kleine Majorität. Und diese Strömung hielt an, die demokratische Partei schien förmlich unter dem zersetzenden Einfluß der wirthschaftlichen Krisis zu wachsen. Geradeso wie in den Zeiten toller Spekulation, wo selbst der Taglöhner die ersparten Groschen für Aktien zu Markte trägt, einer den andern ansteckt und mit in den allgemeinen Taumel zieht, so wird nach dem Krache das Kurpfuschen epidemisch und die von politischen Patent-Doktoren angewandten Heilmethoden verursachen gewöhnlich neue Krankheitsprozesse, denen durch vernünftige Mittel schwer beizukommen ist und die erst dann ausheilen, wenn die schlimmsten Folgen des Kraches vorüber und bessere Zeiten im Anzuge sind. Durch den Krach wurden in erster Linie die Fabrikanten und Arbeiter getroffen, weil in Folge des eingeschränkten Konsums und der aufgestapelten Waarenvorräthe die Bestellungen ausblieben und daher viele Fabriken theils geschlossen werden, theils mit reduzirter Kraft arbeiten mußten. Sodann wurden jene Kauf leute in Mitleidenschaft gezogen, welche viel auf Kredit gekauft und viel auf Kredit verborgt hatten. Nun konnten die Konsumenten nicht bezahlen, der Kaufmann konnte seinen Verbindlichkeiten dem Großhandlungshaus und Fabrikanten gegenüber nicht nachkommen und fallirte. Endlich wurde auch der Farmer getroffen, der gegen Noten und Hypotheken Geld geborgt, Maschinen angeschafft oder Land gekauft hatte. Das Kapital zog sich zurück, Kredit wurde wenig gegeben, wer Geld haben wollte, mußte drei- und vierfache Sicherheit stellen. Daher stockten auch die Bankgeschäfte, Sparbanken schlossen ihre Thüren, Nationalbanken lösten sich auf. Das waren für den in der Geschichte, Finanzwirthschaft und Nationalökonomie wenig oder gar nicht bewanderten Amerikaner Erscheinungen, die er sich nicht zurecht legen konnte; er grübelte über die möglichen Ursachen der Geschäftsstockung und allgemeinen Misere nach, an den Straßenecken der Dörfer und Städte stand er im Verein mit Schicksalsgenossen und vertiefte sich in die Ideen Samuel Cary's und Ewing's von Ohio, welche alle Schuld auf die republikanische Partei wälzten, weil sie die „geschwollenen Bondbesitzer" (bloated bondholders) geschaffen, die Nationalbanken gegründet, dem Volke eine immense Schuldenlast, in Gold zahlbar, aufgeladen und nun gar zur Goldwährung zurückkehren wollten. Es fehle an Geld im Lande. Die Regierung sei verpflichtet, durch Emission von Papiergeld Handel und Wandel zu beleben. Komme erst wieder Geld unter die Leute, dann würde Alles schon wieder recht werden. Diese „Ohio Idee" gewann zahlreiche Anhänger unter den Anglo-Amerikanern, besonders in Ohio, Indiana, Wisconsin, Iowa, Missouri und unter den irländischen Fabrikarbeitern und Bergleuten in den östlichen Staaten. Zahlreiche Blätter und Reiseredner agitirten für den Retter in der Noth, den „Greenbackismus". Unter der deutschen Bevölkerung fand derselbe weniger Anklang. Die deutschen Arbeiter wurden, soweit sie überhaupt durch die Krisis betroffen und einer radikalen Agitation zugänglich waren, von dem viel tiefer eindringenden deutschen Patent-Sozialismus in die Kur genommen. Dieser lehrte, daß Marx die Krisis längst vorausgesagt, daß sie überhaupt eine Weltkrisis und durch Palliativmittelchen, wie sie die Greenbackler vorschlugen, nicht zu kuriren sei. Der ganze Staats- und Gesellschaftskörper sei krank und müsse mittelst Aufhebung des Privateigenthums und Uebertragung aller Arbeits-, Verkehrs- und Transportmittel an den Staat einer Radikalkur unterworfen werden. Auch die Sozialdemokraten gründeten Tage- und Wochenblätter, importirten sogar Schriftsteller und Redner aus Deutschland und verbreiteten mit Eifer den Marx-Liebknecht'schen Sozialismus, der, wie alle Patentmedizinen, ohne Rücksicht auf den kranken Organismus, von den Verkäufern, den Agitatoren, verabreicht und von den Kranken, den Arbeitern, im guten Glauben an die Heilkraft eingenommen wurde. Die wirthschaftliche Reaktion, welche der Schwindelperiode folgte, hatte somit eine lebhafte p o l i = t i s ch e Aktion hervorgerufen, die besonders der demokratischen Partei, welche in allen Staaten mit den oppositionellen Elementen in Fühlung zu kommen suchte und sich mit ihnen amalgamirte, Vortheile brachte.

In der republikanischen Partei befanden sich genug klar sehende und einflußreiche Männer, welche die Patent=Doktoren aus ihren Reihen fern zu halten wußten und mit aller Energie auf zwei Hauptpunkte hin arbeiteten: Erstens, Reform und Sparsamkeit in der Verwaltung, und Zweitens, Rückkehr zur Hartgeldwährung, weil ein im Werthe fortwährend schwankendes Papiergeld ebenso sehr ein Fluch für den Geschäftsmann wie für den Arbeiter ist und nur der „Goldbörse" zu statten kommt. Daß es auch innerhalb der republikanischen Partei an hervorragenden Männern nicht fehlte, welche ihre Stimmen zu Gunsten einer Vermehrung des Papiergeldes laut werden ließen, ist eine bekannte Thatsache, und geben hierüber besonders die Kongreßverhandlungen des Winters 1874—75 interessante Aufschlüsse, denn zu jener Zeit pries Morton von Indiana das Papiergeld als das „volksthümliche Zahlungsmittel" und nannten die Senatoren Logan von Illinois und Cameron von Wisconsin das Gold „eine boshafte Erfindung der Tyrannen, geschaffen, um den biederen Bauern zu betrügen und den kleinen Mann noch ärmer zu machen." So rasch waren diese Politiker von Fach bereit, der rapide wachsenden Greenbackbewegung in ihren Staaten Konzessionen zu machen und den Vorurtheilen der Farmer und bankerotten Kaufleute zu huldigen! Trotz aller Opposition gelang es doch den Vertretern eines soliden Geldes, einen Erfolg zu erzielen, indem sie am 14. Januar 1875 eine Bill durchsetzten, welche bestimmte, daß der Finanzminister a n u n d n a ch d e m 1. J a n u a r 1879 die Schatzscheine der Vereinigten Staaten gegen Münze einlösen, sowie zur Vorbereitung der Einlösung die nicht anderweitig verwendeten Einnahmeüberschüsse verwenden solle.

Die Staatswahl in Ohio im Oktober 1875 war eine besonders hitzige, der Kampf drehte sich ausschließlich um die Geldfrage. Während die Demokraten mit William S. Allen vollständig im Greenbackismus aufgegangen waren und den tollsten Finanzplänen zujauchzten, traten die Republikaner mit R u t h e r f o r d B. H a y e s an der Spitze auf's Entschiedenste für Rückkehr zur Hartgeldwährung und das Gesetz vom 14. Januar 1875 ein. Es war besonders Karl Schurz, der dem Inflations=

schwindel bis auf den Grund nachspürte und die glitzernden Seifenblasen, welche die Carys und Ewings aufsteigen ließen, mit treffenden Hieben zersprengte. Der Staat wurde den Republikanern gewonnen, welche gleichzeitig in Iowa und Nebraska und einen Monat später in mehreren anderen zweifelhaften Staaten den Sieg davontrugen.

Eine Angelegenheit, die seinerzeit viel von sich reden machte, aber keinerlei Einfluß auf die politische Parteistellung in der Präsidentenwahl des Zentennialjahres der Republik hatte, war die am 15. Mai 1876 im Fifth Avenue Hotel zu New York abgehaltene K o n f e r e n z d e r U n a b =
h ä n g i g e n , denen es „auf beiden Seiten der Fenz zu schmutzig war," um herabsteigen zu können, und die daher von ihrem isolirten Standpunkte aus ihre politischen Wünsche in eine Adresse an das Volk kleideten. In diesem Sendschreiben an die Nation lamentirten sie über die Korruption, welche alle Zweige des öffentlichen Lebens angefressen habe, und erklärten gar feierlich, daß sie keinen Mann als Präsidentschaftskandidaten unter=
stützen würden, der sich nicht bereits als ein Freund der Reform erwiesen habe, keinen, der, während er öffentlichen Einfluß und Macht hatte, es unterließ, die Fehler, die ihm bekannt waren, abzustellen oder aufzudecken, keinen, der sich nicht das Vertrauen der ehrlichen Leute erworben habe und von den Dieben gehaßt und gefürchtet werde. „Jeder amerikanische Bür=
ger", so schloß die Adresse, „dem die Zukunft der Nation und die Ehre des Volkes am Herzen liegt, sollte sich ernstlich vornehmen, daß das Land einen Präsidenten erhalte, dessen Name schon jetzt das Losungswort der Reform ist, dessen Fähigkeit und Muth für diese Arbeit schon jetzt bekannt sind, der die Einfachheit, Unabhängigkeit und Gerechtigkeit der ersten Verwaltung wiederherstellt und dessen Leben eine Garantie ist für seine Treue und Fähigkeit, dies zu thun; einen Mann, bei Nennung dessen Namens schon die Niedergeschlagensten neuen Muth fassen und alle Menschen sagen müssen: Den Amerikanern ist es in der That ernst, die alte Reinheit ihrer Regierung wieder herzustellen." Selbst nicht einmal in der reformfreund=
lichen Presse fand dieser Aufruf der Herren Adams, Bryant, Schurz, White, Bullock, Woolsey u. s. w. eine freudige Aufnahme, und im Allge=
meinen hat wohl der treffliche deutsche Journalist C. L. Bernays, welcher der Konferenz persönlich beiwohnte, die Stimmung richtig gekennzeichnet, als er schrieb: „Mögen sie die in ihren eigenen Pfannen gebackene Omelette selbst verzehren, denn zu ihrer, der Konferenzmitglieder eigenen Glorie, ist die ganze Sache doch nur angezettelt worden."

Schurz z. B. hatte ja schon längst seine Schwenkung nach dem repu=
blikanischen Lager hin vollzogen, als er für Hartgeld und Hayes in Ohio

Stumpreden hielt, und er mußte sich zur Zeit der Konferenz bereits klar darüber sein, daß ihm in der bevorstehenden Präsidentenwahl kein anderer Ausweg bleiben würde, als zwischen zwei Uebeln das kleinere, d. h. zwischen der demokratischen Partei mit dem Papiergeldschwindel und der republikanischen Partei mit der gesunden und ehrlichen Finanzpolitik die letztere zu wählen, wenn auch die republikanische Nationalkonvention keinen Mann an die Spitze stellte, „bei Nennung dessen Namens schon der Niedergeschlagenste neuen Muth fassen konnte."

Wenn es in der Absicht der Konferenz gelegen hat, zu verhüten, daß ein prominenter republikanischer Parteiführer wie Morton, Conkling oder Blaine die Nomination erhalte, dann hat sie ihren Zweck erreicht; aber die republikanische Nationalkonvention, welche am 14. Juni in Cincinnati zusammentrat, vereitelte auch die Nomination Bristow's, der sich durch die Verfolgung der Whiskey-Betrüger einen guten Namen erworben hatte, und auf Bristow schien es die Konferenz abgesehen zu haben. Auch stimmte die Konvention durchaus nicht in das Lamento der „Unabhängigen" über die furchtbare Korruption ein, von der „die Akten der Gerichtshöfe, der Staatsgesetzgebungen und des National-Kongresses mit erschreckender Offenheit sprechen," wie es in der Adresse hieß, sondern sie fand, daß Alles ziemlich gut sei, und spendete sogar dem Präsidenten Grant und seiner Administration Lob und Anerkennung. Damit aber das Volk erfahre, daß die republikanische Partei ernstlich gegen den Inflationsschwindel Front machen wolle, und um der Opposition keine Gelegenheit zu geben, an den Fehlern, die jedem bedeutenden Manne anhaften, der im öffentlichen Leben eine hervorragende Rolle gespielt, herumzunörgeln, nominirte die Konvention den Gouverneur von Ohio Rutherford B. Hayes und an zweiter Stelle William A. Wheeler von New York.

Die Platform betonte, daß die Pazifikation des Südens noch nicht vollendet sei, daß aber der Kongreß und die Exekutive angehalten werden sollen, alle gerechten Ursachen zu Klagen von Seiten der Südländer sofort abzustellen; ferner sprach sich das Programm in allgemeinen Worten für Zivildienstreform, gegen den Gebrauch öffentlicher Gelder zur Erhaltung von Sektenschulen, wie überhaupt gegen die Unterstützung von Korporationen und Monopolen aus und erklärte, daß die demokratische Partei, welche einst mit dem Verrath an der Union sympathisirt habe, ihrem Charakter und Geiste nach noch dieselbe und daher auch jetzt noch bestrebt sei, den Geist der Rebellion neu zu beleben. Die Finanzplanke lautete, weil auch in den republikanischen Massen in Folge der andauernden Krisis und einer energischen Agitation der Inflationisten das Verständniß für die Geldfrage

9

zurückgegangen war, nicht so bestimmt, wie man erwartet hatte; sie verlangte nicht, daß die Hartgeldwährung unbedingt mit dem 1. Januar 1879 zu beginnen habe, sondern hieß, wie folgt: „Mit dem ersten vom Präsidenten Grant unterzeichneten Kongreßgesetze beabsichtigte die Nationalregierung allen Zweifel darüber aufzuklären, ob sie den Verpflichtungen ihren Gläubigern gegenüber nachkommen werde. Sie verpfändete ihre Ehre dafür, daß sie sobald als irgend thunlich für die Einlösung der Schuldverschreibungen der Vereinigten Staaten in baarer Münze sorgen werde. Die kommerzielle Wohlfahrt, die öffentliche Moral und der Kredit der Nation verlangen, daß dieses Versprechen erfüllt werde, und zwar durch einen stetigen und u n a u s g e s e t z t e n Fortschritt zur Hartgeldwährung."

Die beiden Männer jedoch, welche die Partei als Bannerträger erkoren hatte, waren ganz entschieden für Einhaltung des vom Gesetze bestimmten Termins. „Es ist meine Ueberzeugung," sagte Hayes in seinem Annahmeschreiben, „daß das Gefühl der Unsicherheit, welches mit einem uneinlöslichen und beständig schwankenden Papiergeld untrennbar verbunden ist, eines der großen Hindernisse des Wiederauflebens des Geschäftes und Vertrauens, also der Rückkehr bildet. Wir müssen die Hartgeldzahlungen wieder einführen. Je länger aber die Unsicherheit dauert, desto größer ist der Schaden für unsere materiellen Interessen und alle Gesellschaftsklassen. Wenn gewählt, w e r d e i c h j e d e M a ß r e g e l f ö r d e r n, w e l c h e z u j e n e m Z i e l e f ü h r t, u n d m i c h j e d e m S c h r i t t e w i d e rs e t z e n, w e l c h e r u n s d a v o n a b b r i n g t."

Die d e m o k r a t i s c h e Partei, welche am 28. Juni in St. Louis ihre Nationalkonvention abhielt, mußte ihre eigentlichen Prinzipien schlau zu verbergen. In ihrem Programm verlautete nichts von Staatenrechten, nichts von südlichen Ansprüchen und dezentralisirenden Bestrebungen oder dgl.; dafür wurde aber mit dem Worte „R e f o r m" der Mund recht voll genommen. Reform sei nothwendig, hieß es, um im Herzen des ganzen Volkes die Union wieder aufzubauen; Reform sei geboten, um ein gesundes Währungsmittel einzuführen, den Kredit zu stärken und die Ehre der Nation zu wahren; Reform, um ein System einzuleiten, welches durch öffentliche Sparsamkeit und eine kluge Finanzpolitik die Nation in den Stand setze, ihre Fähigkeit und Bereitwilligkeit, ihren Verbindlichkeiten nachzukommen, der Welt zu zeigen; Reform in der Besteuerung, damit das Kapital wieder Vertrauen gewinne und die Arbeit nicht überbürdet werde; Reform in den öffentlichen Ausgaben, sowohl des Bundes wie der Staaten und der Munizipien; Reform, um der Verschwendung der öffentlichen Ländereien ein Ziel zu setzen; Reform, um die Unterlassungssünden des republikanischen Kongresses

gut zu machen; Reform im Zivildienst, kurzum Reform überall. „Re=
form," schloß das Programm, „kann nur durch eine friedliche Revolution
erreicht werden; wir verlangen eine Aenderung im System, einen Wechsel
in der Administration und den Parteien, damit wir auch einen Wechsel in
Männern erlangen können."

Die Konvention nominirte den entschiedenen Hartgeldmann S a m u e l
J T i l d e n von New York und einen der verbissensten Papiergeldbolde
T h o m a s A. H e n d r i c k s von Indiana, mit dem man die Greenbackler
zu gewinnen hoffte. Diese hatten aber schon gegen Ende Mai ihre Natio=
nalkonvention zu Indianapolis abgehalten und P e t e r C o o p e r von
New York als Präsidentschaftskandidaten aufgestellt, waren daher nicht so
leicht zu verleiten, ihre Fähnlein zu verlassen und dem demokratischen Heer=
banne zu folgen.

Der Wahlkampf wurde auf beiden Seiten mit großer Mäßigung
geführt, und der 7. November, der entscheidende Tag, verlief selbst im Süden
so ruhig wie nie zuvor. Von den im Ganzen abgegebenen 8,408,819
Stimmen erhielt: Hayes 4,033,295, Tilden 4,284,265, Cooper 81,737
und Smith, der Kandidat der Temperenzler, 9,522. Tilden hat somit um
250,970 Stimmen mehr erhalten als Hayes, aber die Zählungsbehörden (Returning Boards) gaben Hayes eine Mehrheit des Elektoral=Votums, nämlich:

Hayes.		Tilden.	
California	6	Alabama	10
Colorado	3	Arkansas	6
Florida	4	Connecticut	6
Illinois	21	Delaware	3
Iowa	11	Georgia	11
Kansas	5	Indiana	15
Louisiana	8	Kentucky	12
Maine	7	Maryland	8
Massachusetts	13	Mississippi	8
Michigan	11	Missouri	15
Minnesota	5	New Jersey	9
Nebraska	3	New York	35
Nevada	3	North Carolina	10
New Hampshire	5	Tennessee	12
Ohio	22	Texas	8
Oregon	3	Virginia	11
Pennsylvania	29	West=Virginia	5
Rhode Island	4		
South Carolina	7		
Vermont	5		
Wisconsin	10		
Im Ganzen	185		184

Ein Vergleich dieser beiden Listen ergibt, daß alle Südstaaten mit Ausnahme von South Carolina, Florida und Louisiana ihr Electoral-Votum zu Gunsten Tilden's, des **demokratischen** Kandidaten, in die Wagschale warfen, und wenn man in Erwägung zieht, daß in den drei obengenannten Staaten das Carpetbaggerthum noch nicht vom Schauplatz getreten war, so drängt sich wohl von selbst die Frage auf, ob dort wohl Alles mit rechten Dingen zugegangen sei, um so mehr, weil die republikanischen Zählungsbehörden jener Staaten trotz aller Mogeleien nur ganz schwache Majoritäten für Hayes herauszuzählen vermochten, so in Louisiana 4545, in South Carolina 946 und in Florida gar nur 38 Stimmen. Von den Freunden Tilden's wurde denn auch die Wahl sofort angefochten. Die Demokraten machten geltend, daß in Florida die Wahlberichte von fünf Counties gefälscht seien, daß in Louisiana der Returning Board nicht gesetzmäßig zusammengesetzt war und daher kein Recht hatte, die Stimmen für die Präsidentschafts-Electoren zu zählen, und daß in South Carolina die Zählungsbehörde ihre Sitzung auf zehn Tage beschränkte und sich nachher sine die vertagte, ohne betreffs der zwei wichtigen Counties Edgefield und Laurens, in denen eine bedeutende demokratische Majorität erzielt worden war, eine Entscheidung getroffen zu haben.

Da es nun die Pflicht des Kongresses war, am 14. Februar 1877 die Electoralstimmen zu zählen und das Wahlergebniß zu verkünden, so befürchtete man, weil das Haus überwiegend demokratisch, der Senat aber republikanisch war, einen ernstlichen Konflikt, um so mehr, weil sich des Wahlergebnisses wegen das ganze Land schon seit Wochen in gewaltiger Aufregung befand und die demokratischen Abgeordneten ganz offen die Richtigkeit der Wahlberichte von Florida, Louisiana und South Carolina bestritten.

IX.

Es war daher gewiß eine höchst weise Politik, ein Zeichen großer Besonnenheit und politischer Reife, als sich beide Häuser des Kongresses, und zwar der Senat am 24. Januar mit 47 gegen 17 und das Haus am 28. Januar mit 191 gegen 81 Stimmen zu einem friedlichen Ausgleich entschlossen und die Angelegenheit durch ein Schiedsgericht entscheiden lassen wollten. Die betreffende Bill, welche am 29. Januar von Präsident Grant unterzeichnet wurde, bestimmte, daß das Schiedsgericht aus fünfzehn Mitgliedern bestehen solle, und zwar aus fünf Senatoren und fünf Abgeordneten, welche gleichmäßig aus **beiden** Parteien zu wählen waren, sowie aus vier ohne Unterschied der Partei ernannten Richtern des obersten Gerichtshofes, welche einen fünften aus dem Richterkollegium zu wählen hatten. Die Republikaner sandten die Senatoren Morton, Edmunds und Frelinghuysen mit den Abgeordneten Hoar und Garfield, die Demokraten dagegen die Senatoren Bayard und Thurman sowie die Abgeordneten Payne, Abbot und Hunton. Die vier durch die Bill ernannten Richter waren Clifford, Miller, Field und Strong, und diese wählten als ihren fünften Kollegen Joseph P. Bradley. So standen in dem Tribunal, das am 1. Februar seine Arbeiten begann, acht Republikaner sieben Demokraten gegenüber, und jede e n t s ch e i d e n d e Abstimmung wies denn auch die verhängnißvolle Majorität von e i n e r Stimme zu Gunsten der Republikaner aus. Bereits in einer der ersten Sitzungen wurde entschieden, daß das Schiedsgericht n i ch t hinter die Berichte der Zählungsbehörde eines Staates zurückgehen, sondern nur die v o r l i e g e n d e n Wahlurkunden nach ihrer Echtheit und Legitimation prüfen, also nur die f o r m e l l e Seite der Frage untersuchen wolle, nicht aber den s a ch l i ch e n Inhalt des Streites. So schlug das Schiedsgericht die d e m o k r a t i s ch e n A n = s p r ü ch e mit **demokratischer Waffe** zurück. Es würde freilich dem Charakter der r e p u b l i k a n i s ch e n Politik besser entsprochen haben, wenn sich die republikanischen Mitglieder des Schiedsgerichts, dem Wunsche der Demokraten gemäß, einverstanden erklärt hätten, hinter die Berichte der Zählungsbehörden zurückzugehen, um zu untersuchen, auf welche Weise jene Berichte zu Stande gekommen sind, denn es handelte sich um Nationalwahlen, also um eine n a t i o n a l e Angelegenheit; aber man wußte auf republikanischer Seite gut genug, daß dann nicht Hayes, s o n d e r n T i l d e n P r ä s i d e n t d e r V e r e i n i g t e n S t a a t e n g e w o r = d e n w ä r e, und deßhalb spielte man recht gerne mit den Demokraten e i n d e m o k r a t i s ch e s S p i e l, beugte sich vor der S o u v e r ä n e = t ä t d e r S t a a t e n und entschied, daß das Tribunal kein Recht habe, sich in eine Untersuchung der Wahlen selbst einzulassen. Freilich wurde dadurch ein schlimmer Präzedenzfall geschaffen, welcher der republikanischen (n a t i o n a l e n) Partei noch schwere Ungelegenheit verursachen dürfte.

So wurden denn die Elektoralstimmen der drei von den Carpetbaggers beherrschten Staaten South Carolina mit 8, Louisiana mit 7 und Florida mit 4 den 166 Stimmen, welche Hayes bereits hatte, zugezählt, so daß dieser m i t e i n e r e i n z i g e n S t i m m e M e h r h e i t, d. h. mit 185 Stimmen gegen Tilden's 184, zum Präsidenten erklärt wurde.

Hätte Tilden nur e i n e von den drei Stimmen Oregons erhalten, wo der Hayes-Elektor Watts das Zertifikat des Gouverners nicht erhalten konnte, weil er zur Wahlzeit eine Postmeisterstelle inne hatte, also gesetzlich nicht wahlfähig war, so würde er über Hayes den Sieg davon getragen haben. Aber auch in diesem Falle entschied das Tribunal mit 8 gegen 7 Stimmen, daß Watts gesetzlich ernannt wäre und daher der Gouverneur kein Recht gehabt hätte, ihm das Zertifikat zu verweigern.

Am 28. Februar erreichte die Stimmenzählung ihr Ende, und am 5. Mai (der 4. war ein Sonntag) wurde R u t h e r f o r d B. H a y e s inaugurirt. Man kritisirte zwar noch eine Weile das Vorgehen des Schiedsgerichts, da man aber einmal, um den Frieden zu erhalten und das Land vor einem Bürgerkriege zu bewahren, alle entscheidende Gewalt in die Hände des Tribunals gelegt hatte, so beruhigte man sich schließlich über seine Entscheidungen, um so mehr, weil sich der h i n e i n g e z ä h l t e Präsident bestrebte, die in seinem Annahmeschreiben und seiner Inauguraladresse versprochenen Reformen durchzuführen.

Schon die Zusammensetzung seines Kabinets bewies, daß er sich mehr an die Reformelemente innerhalb der republikanischen Partei halten würde, als an die extremen und daher weniger rigorosen Parteiführer à la Blaine, Morton, Chandler, Cameron u. s. w., denn er erwählte Männer wie E v a r t s, S h e r m a n und S c h u r z zu seinen nächsten Rathgebern und, indem er sogar den ehemaligen Offizier der Rebellenarmee D a v i d M. K e y von Tennessee zum General-Postmeister ernannte, gab er zu verstehen, daß ihm die völlige Pazifikation des Südens am Herzen liege. Hayes ging denn auch, nachdem der Senat nach langem Widerstreben die Ernennungen gebilligt hatte, sofort daran, der demokratisch-republikanischen Doppelherrschaft in South Carolina und Louisiana ein Ende zu machen.

Im erstgenannten Staate standen sich Wade Hampton und Chamberlain, in Louisiana der Republikaner Packard und der Demokrat Nicholls gegenüber. Während nun Grant, freilich nicht zum Schaden der republikanischen Partei—denn was würde aus Hayes geworden sein, wenn die „Pazifikation" schon ein Jahr früher bewerkstelligt worden wäre—die republikanischen Gouverneure und Gesetzgebungen durch eine, wenn auch noch so geringe Truppenmacht stützte, erklärte Hayes die Truppen zurückziehen und sich nicht in die inneren Angelegenheiten jener Staaten mischen zu wollen.

Damit war die Sache auch rasch i n's d e m o k r a t i s c h e G e l e i s e g e b r a c h t. In South Carolina, wo sich die zu Recht bestehenden Gerichtshöfe einstimmig zu Gunsten Hampton's und gegen Chamberlain entschieden hatten, kamen bei dem Abzuge der Truppen aus dem Staatshause von Columbia keinerlei Ruhestörungen vor, Chamberlain übergab Hampton die amtlichen Papiere und verschwand dann auf Nimmerwiedersehen, nachdem er in einer Proklamation seine „gerechte Sache" vertheidigt und sich

Die Pazifikation des Südens.

als Märtyrer beklagt hatte. In Louisiana waren die Verhältnisse verwickelter und daher der Ausgleich schwieriger. Um völlig unparteiisch, also gerecht zu sein, sandte der Präsident eine Kommission von fünf hervorragenden Männern, darunter zwei Südländer, nach Louisiana. Diese Kommission fand Packard zwar im Besitze des Regierungsgebäudes, allein weder seine Legislatur noch seine Gerichtshöfe entwickelten irgend welche Thätigkeit, während sein Gegner Nicholls thatsächlich im Besitze der Macht war, denn an ihn bezahlten die Bürger die Steuern, und ihm zur Seite entfalteten Legislatur und Gerichtshöfe eine rege Thätigkeit.

Unter diesen Umständen beantragte die Kommission, daß die Bundessoldaten aus New Orleans zurückgezogen und nur diejenigen Mitglieder der beiden Legislaturen anerkannt werden sollten, welche Zertifikate besaßen, die vom Returning Board beglaubigt waren. Das Washingtoner Kabinet ging auf den Vorschlag der Kommission ein und beschloß, die Bundestruppen am 24. April aus dem Staatshause von Louisiana zurückzuziehen. Mit dem von der Bundesregierung im Stiche gelassenen Packard wollten nun auch die „guten Freunde" nichts mehr zu thun haben und boten ihre Dienste der aufgehenden Größe, dem Gouverneur Nicholls, an. Durch die freiwillige Auflösung der republikanischen Legislatur und die zahlreichen Ueberläufer erhielten beide Häuser der demokratischen Legislatur eine beschlußfähige Anzahl von Mitgliedern, und als am 24. April die Truppen das Staatshaus verließen und die demokratische Legislatur in dasselbe einzog, war es mit der Packard'schen Regierung und dem Schnappsäckerthum in Louisiana, das gerade so wie in South Carolina eine wahre Plünderungswirthschaft und Bulldosungspolitik getrieben hatte, zu Ende. Zugleich aber gingen die beiden letzten Südstaaten für die republikanische Partei verloren. Von der Zeit an gibt es nur noch einen demokratischen Süden, und Wade Hampton versprach nicht zu viel, als er dem Präsidenten sein Wort gab, daß von nun an in South Carolina wie überall im Süden Frieden herrschen würde. Die gesetzgebende, richterliche und vollstreckende Gewalt liegt ja in allen Südstaaten wieder in den Händen ehemaliger Sklavenbarone, und was während der Herrschaft republikanischer Militärgouverneure die Kuklux-Klans, Rothhemden-Logen, Weißmänner-Ligen und andere Mordsbanden an unliebsamen Institutionen und Personen verübt haben, das geschieht jetzt auf friedliche, nämlich gesetzliche Weise oder durch Zwang und Gewaltmittel unter dem Schutze der Behörden. Im Süden herrscht jetzt Ruhe, aber es ist die Ruhe des Friedhofs, auf welchem die Ehre und die Freiheit, der Fortschrittsdrang und die Lebenskraft des amerikanischen Volkes begraben liegen.

Die wirthschaftliche Krisis erreichte, kurz nachdem Hayes in's Amt getreten war, ihren Höhepunkt. Die vielen Arbeiterentlassungen und unaufhörlichen Lohnreduktionen hatten zur Folge, daß sich in den Großstädten, Fabriks- und Bergwerksdistrikten unzufriedene Arbeitermassen ansammelten, daß die Landstreicherplage besorgnißerregend überhand nahm, daß es zu Brotkrawallen und dem großen Eisenbahnstrike kam, in welchem Millionen an Eigenthum zerstört und selbst Bürgerblut vergossen wurde. Die Arbeiterparteien gewannen überall, besonders dort, wo sie mit den Inflationisten gemeinsame Sache machten, an Stärke und Einfluß und waren in den Herbstwahlen von 1877 und 1878 im Stande, einzelne Sitze in den verschiedenen Staatslegislaturen zu erobern. Die Greenbackler gebieten sogar über acht Stimmen im 46. Kongresse. Wie sehr Zeit und Umstände der Ausbreitung sozialistischer Ideen in deutschen Arbeiterkreisen günstig waren, dafür legen die Parteierfolge in Cincinnati, St. Louis und Chicago, theilweise auch in Milwaukee, Zeugniß ab, denn in Cincinnati brachten es die Sozialisten im Herbste 1877 auf 8000, in Chicago im Frühjahr 1879 auf nahezu 11,000 Stimmen. Seit ungefähr einem Jahre jedoch, also seit der Zeit, da die republikanische Partei trotz aller Hemmnisse von Seiten eines demokratischen Repräsentantenhauses ihr Versprechen erfüllt und die Baarzahlung eingeführt hat, haben sich die wirthschaftlichen Verhältnisse wesentlich zum Besseren gewendet. Die Krisis hatte unmittelbar eine Einschränkung in allen Lebensbedürfnissen und luxuriösen Gewohnheiten zur Folge, das Volk lernte wieder, was es ganz vergessen zu haben schien: sich nach der Decke zu strecken. Dazu kamen reiche Baumwollen- und Getreideernten, die Ausfuhr von Rohprodukten und Industrieerzeugnissen aller Art nahm einen unerwartet raschen Aufschwung, die Handelsbilanz zeigte nach jedem Quartale einen rapide wachsenden Ueberschuß zu Gunsten der Vereinigten Staaten, und Gold floß in Mengen zum Lande herein, wodurch es dem Finanzminister erleichtert wurde, den ihm vom Gesetze für Einführung der Baarzahlung vorgeschriebenen Termin vom 1. Januar 1879 einzuhalten. Das Jahr 1879 war nun obendrein ein äußerst fruchtbares und segensreiches, und während in England und Frankreich, theilweise auch in Deutschland und Oesterreich, die Ernten nur 60—70 Prozent eines Durchschnittsertrages ergaben, haben die Vereinigten Staaten einen so riesigen Ueberfluß an Körnerfrüchten erzielt, daß dafür abermals Hunderte von Millionen Dollars in's Land kommen werden. In die verödeten Fabriken zog neues Leben ein, und wohin wir blicken mögen, sehen wir die Maschinen im Gange, die Arbeiter beschäftigt und die Löhne erhöht; auf den Märkten und in den Geschäftslokalen wimmelt es von Käufern und der Waarenumsatz hat wieder riesige Dimensionen angenommen. Viele von den feiernden Arbeitern und bankerotten Geschäftsleuten, die während der mageren Zeit den bethörenden Lehren der Papiergeldbolde und Sozialisten gelauscht haben, sind nach dem fernen Westen gezogen, wo sie nun als Farmer, Handwerker oder Krämer eine ersprießliche Thätigkeit entfalten, kurzum mit der Krankheit selbst sind auch die sie begleitenden Erscheinungen wie Arbeiterelend, Geschäftsstockung, Bankerotte, allgemeine Unzufriedenheit, Müßiggang, Projektenmacherei, Landstreicherei u. s. w. verschwunden, Greenbacker und Sozialisten preisen vor leeren Bänken ihre Patentmedizinen an und ihr Klagegeheul verhallt wirkungslos, denn es findet keinen Resonanzboden mehr im Volke, weil dieses aufgehört hat, voll Mißvergnügen über seine Existenz zu klagen, und erfreut über die eingetretene Wendung zum Besseren, voll guter Hoffnung in die Zukunft blickt.

Ließ man sich in den letzten Jahren nur zu leicht verleiten, die Bundes-Administration für die wirthschaftliche Krisis verantwortlich zu machen, so ist man jetzt wieder zu schnell bereit, die wiederkehrende Prosperität der Regierung zu gute zu rechnen. Daß übrigens die Rückkehr zur Hartgeldwährung unseren Kredit im Auslande wesentlich gestärkt, das Vertrauen in der Union gehoben und den Heilungsprozeß beschleunigt hat, werden heutzutage nur noch Solche bestreiten, die überhaupt gewohnt sind, am politischen Gegner selbst das Gute, das er vollbringt, entweder zu ignoriren oder gar zu verkleinern und zu verdächtigen.

Eine solche Taktik hat denn auch der 46. Kongreß befolgt, der vom Präsidenten zu einer Extrasitzung einberufen werden mußte, weil es der 45. Kongreß unterlassen hatte, zur Fortführung des nationalen Haushalts gewisse Geldbewilligungen zu machen. Da bei allen derartigen Bewilligungen das Repräsentantenhaus die Initiative zu ergreifen hat, war auch der Senat des 45. Kongresses, in welchem die Republikaner noch über eine Mehrheit geboten, zur Unthätigkeit verurtheilt. Der Plan der Demokraten zielte darauf hinaus, im 46. Kongresse, der zum ersten Male seit Beginn des Bürgerkrieges in beiden Häusern demokratisch war, gewisse Bundesgesetze, die zum Schutze gegen Betrug und Vergewaltigung an der Wahlurne entworfen worden und der Demokratie längst ein Dorn im Auge waren, zu widerrufen. Sollte der Widerruf mit dem Veto des Präsidenten belegt werden, dann wollte man keine Geldbewilligungen machen und dadurch die Administration in Verlegenheit, den Bundeshaushalt in's Stocken bringen.

Aber Hayes hat die ihm in die Hand gedrückte Waffe gut geführt. Jede Geldbewilligungsbill, welche ein demokratisches Anhängsel hatte, um die Bundesgewalt einzuschränken, wurde mit dem Veto des Präsidenten zurückgeschickt, und weil die Demokraten die nöthige Zweidrittels-Majorität nicht aufbringen konnten, um ihren Willen über das Veto des Präsidenten hinweg durchzusetzen, sahen sie sich schließlich genöthigt, einzulenken und im Wesentlichen nachzugeben. Auch ihre Versuche, die kaum bewerkstelligte Rückkehr zur Hartgeldwährung durch neue Silbergesetze und Inflations= bestimmungen zu gefährden, scheiterten am Widerstand ihrer republikanischen Gegner, denen sich einige selbstandige Hartgelddemokraten angeschlossen hatten.

Die Demokraten hatten in den letzten Jahren entschieden Pech, so oft sie den Versuch machten, die politische Entwicklung unseres Volkes in parti= kularistische Bahnen zu lenken. So auch wieder mit ihrer Taktik in der Extrasitzung des 46. Kongresses, denn sie war gegen eine Regierung gerich= tet, mit welcher, von den Republikanern ganz abgesehen, selbst konservative Demokraten, und, was sehr schwer in's Gewicht fällt, die Massen der zwischen den Parteien stehenden Indifferenten z u f r i e d e n waren, und die Opposition war zu einer Zeit in Szene gesetzt, in der sich das Volk wirthschaftlich erholte und daher wünschte, der Kongreß möge sich zum Kuckuck scheeren, damit die Gesetzgeberei endlich aufhöre und das Land in politischer Beziehung zur Ruhe komme. Also gegen eine allgemein geachtete Regierung und zu so ungelegener Zeit brachen die demokratischen Heiß= sporne den Streit vom Zaune und mußten sich's daher selbst zuschreiben, wenn man sie im ganzen Lande als Störenfriede betrachtete.

Ueberhaupt sah sich die nördliche Demokratie, welcher in Folge der liberal=republikanischen Bluttransfusion in ihren siechen Körper der Kamm rasch gewachsen war, wollte sie die im Kongresse erlangte Stärke bethätigen, gezwungen, den alten Liebesbund mit der südlichen Demokratie zu erneuern. Seit aber erst gar die republikanische Gegenfluth eingetreten ist, welche die den Republikanern in den Jahren 1873 und 1874 entrissenen Staaten zurücker= obert hat, ist die nördliche Demokratie vollends darauf angewiesen, ihren Schwerpunkt im S ü d e n zu suchen, d. h. bei Jenen, welche zwar nicht mehr wie unter Pierce und Buchanan ihr heiligstes Institut, die Sklaverei, selbst um den Preis der Zertrümmerung der Union erhalten wollen, aber von Haß gegen die nördliche Bevölkerung erfüllt sind, welche die Schuld trägt, daß die Hegemonie der Südstaaten über den Norden gebrochen, das lebendige Eigenthum befreit, die Souveränität der Staaten vernichtet ist und daß die Nullifikationslehren eines Jefferson sowie die Staatsrechtstheo= rien eines Calhoun durch das N a t i o n a l=P r i n z i p, wenn auch nicht zum Schweigen gebracht, so doch für immer u n s c h ä d l i ch gemacht sind.

Die außerordentliche Sitzung des 46. Kongresses, in welcher sich vorlaute Demokraten nicht scheuten, dem Jefferson Davis Loblieder zu singen und die Drohung auszustoßen, daß die Zeit nahe sei, in der „die Errungenschaften des Bürgerkrieges mit dem nassen Schwamme fortgewischt würden," hat dem Norden oder vielmehr allen Denjenigen, welche die Bundesregierung ü b e r die Staatenregierungen stellen und den patriotischen Wunsch im Herzen tragen, daß aus diesem Völker- und Staatenkonglomerate eine N a t i o n und ein e i n h e i t l i ch o r g a n i s i r t e s m ä ch t i g e s S t a a t s w e s e n entstehe, die Augen geöffnet, so daß sie jetzt klar sehen, wie die Demokratie nichts gelernt und nichts vergessen hat und willens ist, die mit so theuren Opfern an Gut und Blut erkauften Errungenschaften des Bürgerkrieges durch Zurückstauen der Fortschrittswelle illusorisch zu machen.

Die Herbstwahlen von 1879 bilden gleichsam die Antwort des Volkes der Nordstaaten auf die neu erwachten Prätensionen des konsolidirten Südens und auf die unkluge, einer gesunden wirthschaftlichen und nationalen Entwickelung hinderliche Politik der Demokratie überhaupt. Mit dem 46. Kongresse wird für die Demokratie die Gelegenheit f ü r i m m e r e n t s ch w i n d e n, als M e h r h e i t s p a r t e i das Land in Aufregung und Unruhe zu versetzen. Das Volk wird keinen zweiten Versuch mehr wagen, u n d m a g d i e K o r r u p t i o n a u ch n o ch s o s e h r a m L e b e n s s a f t e d e r n a t i o n a l e n P a r t e i z e h r e n, die Z e n t r a l r e g i e r u n g in die Hände Derjenigen zu legen, die überhaupt keine Zentralregierung wollen, in die Hände Jener, welche als M e n s ch e n nicht besser sind, als die Republikaner, aber als P o l i t i k e r Lehren befolgen und Thaten vollbringen, welche die Union zerstückeln, den Kredit der Vereinigten Staaten nach Außen ruiniren, die Sicherheit im Innern gefährden, zur Staatssouveränetät und daher zur Kleinstaaterei führen, die nationale Einigung hindern, die Kraft des Volkes schwächen und die aus einer fortgeschrittenen Erkenntniß entstandenen und gegenwärtig lebendigen Rechtsanschauungen durch den todten Buchstaben der Konstitution von 1789 und die veralteten Doktrinen der Partikularisten des vorigen Jahrhunderts verkümmern und ausmerzen wollen.

Die Wahlen am 4. November 1879 haben mit Donnerstimme verkündet, daß das Volk des Nordens entschlossen ist, seine Zukunft nur einer n a t i o n a l e n Partei anzuvertrauen, sie haben gezeigt, daß das Volk willens ist, dieser Partei ein solches Uebergewicht über alle Oppositionsparteien zusammen zu verschaffen, daß jede, auch die leiseste, Besorgniß um die Zukunft des Landes zerstreut und das Ausland sowohl wie jeder patriotische Bürger der Union in die Gewißheit versetzt werde, daß die Vereinigten

Staaten nicht länger ein lodbriger Verband souveräner Staaten, sondern ein zur Einheit und Macht vordringendes Ganzes sind, eine Nation, welche jeden Versuch, Theile von ihr loszubröckeln, verhindern wird. Die in den Volkmassen zum Durchbruche gelangte Anschauung: "We are a nation, one and indivisible," sowie der im bisherigen losen Staaten-Zellgewebe latente, nunmehr frei gewordene Drang, ein nach Haupt und Gliedern einheitlich organisirtes Staatswesen herauszubilden, haben in den Staatswahlen des Jahres 1879 jene r e p u b l i k a n i s c h e H o c h f l u t h erzeugt, die f a s t a l l e N o r d s t a a t e n d e r D e m o k r a t i e e n t r i ß, den Greenbackismus, wo er noch kühn sein Haupt erhob, wie in Maine und Ohio, zu Boden warf und an den Südstaaten in wilder Brandung emporschlug. Auf der ganzen Linie von Portland bis nach San Francisco, vom Ohio bis zur kanadischen Grenze erbebten die demokratischen Heerschaaren unter dem dröhnenden Rufe des Zeitgeistes, der über die Demokratie sein Urtheil verkündigte und sprach: Du hast dich überlebt. Dies Volk voll Lebenskraft und Energie ist längst dem Kleid entwachsen, das du ihm angemessen in der Kindheit. Nun du es zwingen wolltest in die enge Hülle, zerriß das Volk das Kleid und warf's dir vor die Füße!

Es ist der echte Geist des Fortschritts, der so spricht; es ist die langsam sich vorbereitende, aber sicher vorschreitende und stets siegreiche Revolution, die e i n g a n z e s V o l k, nicht einzelne Klassen, aus den Fesseln vergangener Zeiten befreit und es emporhebt auf eine höhere Stufe der Kultur. Nicht Derjenige ist ein wahrer Freund des Fortschritts und der Freiheit, der seine extremen Doktrinen auf die Spitze des Schwertes setzt und damit gegen das Bestehende anstürmt, sondern jener allein ist es, der mit seinem Volke allmählich aus den Formen herauswächst, die zu enge geworden sind. Jener will das Kind in M a n n e s k l e i d e r stecken, dieser läßt es erst zum Manne heranwachsen. Ein l e b e n s k r ä f t i g e s, wachsendes Volk, wie das unsrige, bedarf keiner radikalen Zuschneider für sein politisches Gewand; es wird aus sich selbst heraus seine Rechtsanschauungen und politischen Verhältnisse im fortschrittlichen Sinne umgestalten. Die äußere Form muß dem inneren Wesen entsprechen, sonst ist sie eitel Tand. Man stecke ein abgelebtes Volk in das von den Radikalissimi bereitete Gewand, es wird dem Todtengerippe gleichen, das eine phrygische Mütze auf dem hohlen Schädel trägt und seine marklosen Knochen in rothe Lappen hüllt.

X.

Nicht aus besonderer Vorliebe für die republikanische Parteiwirthschaft, die bisher eigentlich wenig gethan hat, die Schäden zu verbessern, derentwegen sie nahe daran war, aus der nationalen Verwaltung verdrängt zu werden, ist das Volksverdikt vom 4. November 1879 so überwältigend zu Gunsten der Republikaner ausgefallen, sondern weil das nördliche Volk der Herausforderung des "Solid South" eine geschlossene Phalanx entgegenstellen und zeigen wollte, daß es sich durch die Wahl-Bulldosereien im Süden und die an Republikanern verübten Morde in seinem Rechtsbewußtsein gekränkt fühlte; daß es das Vorhaben der Zentralregierung, die Freiheit und Reinheit des Stimmkastens zu beschirmen, billige und das Bestreben der Demokraten, die Bundesgewalt lahm zu legen, entschieden verwerfe; daß es ferner entschlossen sei, den mit der demokratischen Mehrheit in den Kongreß eingezogenen Geist Calhoun's aus dem Kapitole von Washington zu verbannen und nicht willens sei, mit seinen Ersparnissen die Kriegsschäden der Rebellenstaaten zu heilen; daß es schließlich den festen Willen habe, die Errungenschaften auf finanziellem Gebiete gegenüber den Bestrebungen der Inflationisten und Repudiatoren zu sichern, sowie überhaupt an den jüngsten Verfassungszusätzen und an einer im nationalen Sinne geleiteten Regierung unerschütterlich festzuhalten.

Der kurze, aber heiße Wahlkampf in den Oktober- und Novembertagen 1879 wurde denn auch auf der ganzen Linie um Fragen von **nationaler** Bedeutung geführt und überall dort, wo immer man den Versuch machte, den Kampf inneren Staatsangelegenheiten oder gar Lokalfragen zuzuwenden, gab man ihn schnell wieder auf. Im bevorstehenden **nationalen** Kampfe zwischen der demokratischen und republikanischen Partei handelt es sich nicht, wie dies in den letzten Jahren mehr oder weniger der Fall war, um Angelegenheiten sekundärer Bedeutung, wie Einführung der Hartgeldwährung, Zivildienstreform und dgl., sondern es treten abermals, wie vor dem Bürgerkriege, die alten Kardinalfragen, ob Staatensouveränetät oder Bundesautorität, ob Staatenbund oder Einheitsstaat, ob Partikularismus oder Zentralismus in den Vordergrund. Seit die Demokraten ganz offen erklärt haben, daß es in ihrer Absicht liege, die Errungenschaften des Bürgerkrieges mit dem nassen Schwamme auszulöschen und die Bundesregierung, welche durch die republikanische Partei im Sinne eines höchst gefährlichen Zentralismus umgestaltet worden sei, in das von Jefferson gewünschte Verhältniß zu den Staaten zurückzuschrauben, sieht sich die republikanische Partei gezwungen, der Demokratie auf das von ihr gewählte Operationsterrain zu folgen und darauf entschieden Stellung zu nehmen. Für Vorpostengefechte gab schon der letzte Wahlkampf hinreichende Gelegenheit, und Finanzminister S h e r m a n hat in seiner New Yorker Rede offen erklärt, daß die republikanische Partei entschlossen sei, die Bundesautorität in nationalen Angelegenheiten aufrecht zu erhalten. „Wir wollen darauf sehen," sagte er, „daß jeder gesetzlich berechtigte Wähler auch bei Bundeswahlen sein Wahlrecht ausüben und ehrlich seine Stimme abgeben darf, einmal und nicht öfter. Stellt dem die demokratische Partei sich entgegen, desto schlimmer für sie. Tritt uns der Süden, r e b e l l i s ch wie er ist, hierbei entgegen, so werden wir jeden Stimmgeber in seinem Rechte schützen, da zu stimmen, wo die Verfassung es ihm erlaubt. Lokale Wahlen sollen durch die Staatsgesetze geregelt werden. Mögen sich bei solchen Lokalwahlen die südlichen Wähler gegenseitig betrügen, so viel sie wollen. Die republikanische Partei hat sich niemals in die inneren Angelegenheiten gemischt und wird dies auch ferner nicht thun. Aber Präsidenten= und Kongreßwahlen sind n a t i o = n a l e Wahlen, und nach den nicht mißzuverstehenden Bestimmungen der Bundesverfassung hat die N a t i o n die Pflicht für die Sicherheit dieser Wahlen zu sorgen. Ist das gegenwärtige Gesetz nicht ausreichend, so ist die republikanische Partei bereit, es zu v e r s ch ä r f e n. In diesem Augenblick sind im Süden eine Million wahlberechtigter Republikaner ihres Stimmrechts beraubt, aber mit Gottes Hülfe werden wir dieses Unrecht wieder gut machen. Der Kongreß hat ein zweifelloses Recht, die Kongreßwahlen zu reguliren, und das erste Bundeswahlgesetz, welches je erlassen wurde, verdankte sein Entstehen den Tweed'schen Wahlbetrügereien, durch welche im Jahre 1868 die Wahlen in New York geschändet wurden."— — — „Während der letzten Kongreßsitzung versuchten die Demokraten das Bundeswahlgesetz zu widerrufen, stießen aber auf das Veto des treu republikanischen Präsidenten. Dann versuchte man es mit der N u l l i f i k a t i o n. Dagegen müssen wir uns heute ebenso stemmen wie damals Jackson, als er gelobte, er werde John C. Calhoun hängen lassen. Wir m ü s s e n freie Wahlen haben und w i r s i n d e n t s ch l o s s e n, die O b e r h e r r l i ch k e i t d e r V e r e i n i g t e n S t a a t e n i n a l l e n F r a g e n d i e d e n B u n d a n g e h e n, a u f r e ch t z u e r h a l t e n u n d d i e B e f o l g u n g d e r B u n d e s g e s e t z e z u e r z w i n g e n, k o m m e, w a s d a w i l l!"

Das ist die Sprache eines hervorragenden republikanischen Parteiführers, eines Mannes, der gegenwärtig an der Spitze des Finanzministeriums steht, und dessen Name mit der nächsten Präsidentschaft genannt wird. Seine Worte müssen in's Gewicht fallen und sind von weittragendster Bedeutung. „Wir sind entschlossen," hebt er mit besonderem Nachdruck hervor,

„die Oberherrlichkeit der Vereinigten Staaten in allen Fragen, die den Bund angehen, aufrecht zu erhalten und die Befolgung der Bundesgesetze zu erzwingen, komme, was da will." „In allen Fragen, d i e d e n B u n d a n g e h e n!" Da haben wir den Konflikt, das ist ja gerade das punctum saliens, um das sich der Streit seit Hamilton und Jefferson dreht, indem die Demokraten so viele Fragen, welche die Nationalen dem B u n d e zuweisen, ausschließlich unter die Gerechtsame der Staaten stellen. So gehört z. B. das Bundeswahlgesetz nach Ansicht der Demokraten unter jene von einer republikanischen Bundesregierung u s u r p i r t e n Machtbefugnisse, welche die Staatensouveränetät untergraben, die Freiheit gefährden und gegen den Geist der Konstitution verstoßen. Und die Demokraten haben vollständig Recht, so zu argumentiren, denn wenn sie wie Jefferson und Calhoun in der Bundesregierung nur eine den Staaten s u b o r d i n i r t e Gewalt sehen, welche geschaffen wurde, um gewisse durch die Staatsautoritäten gut geheißene Maßnahmen zu vollstrecken; wenn sie mit Calhoun glauben, daß das Volk überhaupt in keinerlei direkten Beziehung zur Bundesregierung stehe, sondern nur in m i t t e l b a r e r durch die Staaten: dann dürfen sie auch nicht zugeben, daß sich die Bundesbehörden in die Wahlen einmischen, welche unter dem Schutze der S t a a t e n r e g i e r u n g e n und nach den Bestimmungen der S t a a t s g e s e t z e vor sich gehen. Die Republikaner hingegen sagen, daß es mit zu den Befugnissen der Zentral=Regierung gehöre, darüber zu wachen, daß bei allen Wahlen. welche die Zentral=Regierung unmittelbar berühren, die Ordnung aufrechterhalten, der Bürger in der freien Ausübung seines Wahlrechts beschützt und alle Gewalt sowie jeglicher Betrug vom Stimmkasten fern gehalten werden. Wer soll nun diese Frage lösen, in wessen Händen liegt die Entscheidung? In den Staats=Obergerichten? Da würde man aller Wahrscheinlichkeit nach ebenso viele Urtheile zu Gunsten der demokratischen wie der republikanischen Auffassung erhalten. Im Bundes=Obergericht? Dessen Entscheidung möchte, wie das Gericht gegenwärtig zusammengesetzt ist, wohl zu Gunsten der Republikaner ausfallen; aber würden nicht die demokratischen Staaten die Kompetenz dieses Gerichtshofes selbst in Frage ziehen, wie sie es schon zu wiederholten Malen gethan haben, und sich dabei an das Minoritätsgutachten gewisser demokratischer Bundes = Oberrichter halten? Also, welch höchste und letzte Instanz haben wir, die endgültig entscheidet, was sein und was nicht sein soll?

E s i s t d a s V o l k, dessen W i l l e selbst zum Gesetz wird, es ist das Volk, welches solche Kardinalfragen entscheidet, und die letzten Herbstwahlen haben das Urtheil verkündet, daß es in Bezug auf die Bundes=

wahlgesetze der republikanischen Auffassung beipflichtet. „Wir müssen freie Wahlen haben," erklärte Sherman, „und wir sind entschlossen, die Oberherrlichkeit der Vereinigten Staaten (der Zentralregierung) aufrechtzuerhalten". Wir müssen haben und wir sind entschlossen, das ist der Wille der schöpferischen Energie unseres Volkes! Mit den Fortschritten, welche die Nation auf allen Gebieten der Kultur, in Industrie und Handel, im Ackerbau und Minenbetrieb, im Schul= und Erziehungswesen, in Wissenschaft und Kunst, macht, erweitert sich auch die Aufgabe jener nationalen Partei, die willens ist, die Zwecke der Gesammtheit zu fördern. Auch die Parteien wachsen wie der Mensch mit ihren höheren Zwecken. Es ist bereits höchste Zeit, daß sich die nationale Partei gewisser Fragen bemächtige, deren Lösung im nationalen Sinne von größter Wichtigkeit für uns Alle ist.

Wohin z. B. würde es geführt haben, wenn das Ober=Bundesgericht, als es darüber zu entscheiden hatte, ob das Kongreßgesetz, welches die Union= und Central Pazific=Eisenbahn zwingt, einen Theil der Einnahmen zu einem „Tilgungsfond" behufs Abtragung ihrer Schulden an die Vereinigten Staaten abzugeben, sich also einer geschäftlichen Beaufsichtigung Seitens des Bundes zu unterwerfen, verfassungsgemäß sei oder nicht, im demokratischen Sinne entschieden hätte? So aber hat sich eine Mehrheit der Richter mit Oberrichter Waite an der Spitze zu Gunsten der Verfassungsmäßigkeit jenes Gesetzes ausgesprochen und stützte sich dabei im Wesentlichen auf folgende Gründe: In den jenen Eisenbahngesellschaften ertheilten Freibriefen von 1862 und 1864 hat sich der Kongreß ausdrücklich die Macht vorbehalten, Aenderungen an diesen Freibriefen vorzunehmen. Allerdings kann er dabei bereits gemachte Verträge nicht aufheben, aber er kann vorschreiben, was in Zukunft geschehen soll, und namentlich darf er vorschreiben, was geschehen soll, damit bereits abgeschlossene Verträge erfüllt werden. Bis jetzt haben die betreffenden Eisenbahngesellschaften ihre Einnahmen unter die Aktionäre vertheilt, statt sie zur Abtragung ihrer ungeheuren Verbindlichkeiten herzugeben, welche sich in weniger als zwanzig Jahren von jetzt an allein Seitens der Union Pacific auf 80 Millionen Dollars belaufen werden. Die jetzigen Aktionäre beziehen in Gestalt von Dividenden Das, was vielleicht die künftigen Aktionäre verlieren müssen. Die Vereinigten Staaten nehmen gegen diese Korporation eine doppelte Stellung ein: die eines Souveräns und die eines Gläubigers. Als Souverän sind sie verpflichtet, darauf zu sehen, daß die jetzigen Aktionäre nicht sich für ihren Gebrauch Das aneignen, was von Rechts wegen Anderen gehört. Als Gläubiger haben sie darüber zu wachen, daß sie nicht um ihr

Guthaben kommen. Der Einwand, daß das fragliche Gesetz diese Gesellschaften ohne gehörigen gerichtlichen Prozeß ihres Eigenthums beraube, ist ganz unhaltbar, denn jenes Gesetz zwingt sie ja nur, das Erforderliche zur Abzahlung ihrer Schulden beizutragen!

Die Richter Strong, Bradley und Field, welche gegen diese Entscheidung stimmten, motivirten ihr Urtheil in besonderen Gutachten, von denen besonders dasjenige Field's wegen der darin geoffenbarten Staatsrechtstheorien besonderer Erwähnung verdient. Field basirte seine Argumentation auf den Umstand, daß die Gesellschaft der Central Pacific-Eisenbahn auch vom Staate Carlifornia inkorporirt sei, weßhalb der Bund kein Recht habe, die Gesellschaft zur Einlösung ihrer Zahlungsversprechungen der Bundeskasse gegenüber anzuhalten. „Das fragliche Gesetz beabsichtigt," sagt Field wörtlich, „die den Staaten gewährleisteten Rechte über den Haufen zu werfen. Ich gestehe, daß es mir unmöglich ist, die Berechtigung der Vereinigten Staaten zum Eingriff in das Recht des Einzelstaates anderswo herzuleiten, als aus den Lehren Derjenigen, welche die Bundesregierung als die Alles beherrschende Macht der Nation betrachten, eine Macht, der sich die Staaten selbst in örtlichen Angelegenheiten beugen müssen. Solchen Lehren kann ich nicht beistimmen." Diese Sprache war aber dem demokratischen Bundesrichter noch nicht scharf genug, und er zensirte sogar den Majoritätsbeschluß des Richterkollegiums wie folgt: „Die in der Entscheidung der Mehrheit dieses Gerichtshofes verkündeten Doktrinen gehen weiter als alle bisher in dieser Richtung aufgestellten Lehren, ja weiter als Alles, was bis jetzt in der Geschichte des Landes für möglich gehalten wurde, um die Unabhängigkeit der Staaten zu vernichten und sie selbst in örtlichen Fragen der Willkür des Kongresses gegenüber hülflos zu machen. S t u m p f s i n n i g muß Der sein, welcher nicht einsieht, daß bei der Richtung, welche die Gesetzgebung und die gerichtlichen Entscheidungen in den letzten Jahren angenommen haben, unser Regierungswesen von seinem a l t e n , d u r c h u n s e r e V o r f a h r e n e i n g e f ü h r t e n
S y s t e m schnell einer zentralisirten und einheitlichen Staatsform zutreibt."

Dieser Ausspruch eines Richters des obersten Gerichtshofes der Vereinigten Staaten ist in so fern besonders charakteristisch, als er konstatirt, daß nicht blos in den Gesetzgebungen, sondern auch in den Gerichtshöfen die z e n t r a l i s i r e n d e E n e r g i e an Stärke und Einfluß zunimmt, und daß der Wille des amerikanischen Volkes eine Richtung angenommen hat, die auf den n a t i o n a l e n E i n h e i t s s t a a t hinstrebt.

82　Die Eisenbahnfrage.

Es ist unstreitig eine der wichtigsten Aufgaben der republikanischen Partei, sofern sie ihrem nationalen Programme treu bleiben will, den Kongreß zu veranlassen, in das Eisenbahnwesen des Landes kontrollirend einzugreifen und Gesetze zu erlassen, welche die Bürger, besonders Kaufleute und Farmer, gegen die schamlose Ausbeutung von Seiten der Eisenbahn=Monopolisten beschützen. „Hier steht die Nation," schreibt die republikanische „Illinois Staatszeitung", einem ungeheuren Uebel gegenüber, welches, wenn jemals, nur durch die äußerste Kraftanwendung der N a t i o = n a l g e w a l t bewältigt werden kann. Dem B u n d e ist durch die Verfassung die Machtbefugniß verliehen, den „„V e r k e h r (commerce) zwischen den E i n z e l s t a a t e n zu regeln"", und kraft dieser Befugniß kann, muß und wird er schließlich die Tyrannei der Eisenbahnen niederbrechen." Aber auch konservativ=demokratische Zeitungen sehen ein, daß die Staatsgewalten den Eisenbahn=Raubrittern gegenüber zu schwach sind, und empfehlen daher, daß sich der Kongreß mit der Angelegenheit befasse. So äußert sich z. B. die „Boston Post" wie folgt: „Erst seit einer verhältnißmäßig geringen Anzahl von Jahren hat unser Eisenbahnsystem einen kontinentalen Charakter angenommen. So lange gesonderte Verwaltungen ihre Operationen auf einen oder nicht mehr als drei Staaten beschränkten, war es nicht nothwendig, betreffs der Regulirung der Bedingungen, unter welchen die Kompagnien ihre Geschäfte führten, sich nach etwas Mächtigerem als nach Staatsgesetzen umzusehen. Seither sind aber Monster=Linien entstanden, welche mit ihren Verbindungen einen Kontinent umspannen und neue Probleme der Eisenbahnverwaltung in's Leben rufen, welche, wenn sie nicht mit Weisheit behandelt werden, das Land nicht nur mit Rücksicht auf die Geschäfte, sondern auch in anderer Weise beunruhigen und tyrannisiren. Aus den Eisenbahnen sind große nationale Heerstraßen geworden, welche auf das Wohl und Wehe der öffentlichen Interessen viel größeren Einfluß ausüben, als jene natürlichen Straßen, welche seit Jahren unter der väterlichen Fürsorge der Nation standen."

Eine andere Frage von nationaler Bedeutung betrifft die ö f f e n t = l i c h e S c h u l e. Hunderttausende von Kindern wachsen gegenwärtig in den Südstaaten ohne alle Schulbildung auf, und die dortigen Behörden thun nichts, um der Verwilderung, unter der einst das ganze Land wird zu leiden haben, Einhalt zu thun. Gegenwärtig bezahlt z. B. der Staat Michigan, der ungefähr so viele Einwohner hat wie North Carolina, d r e i V i e r t e l so viel für seine Schulen, wie der g a n z e S ü d e n für die seinigen. Aber nicht nur in den Südstaaten, sondern auch bei uns hier im Norden gibt es viele Distrikte, in welchen die Lokalbehörden das Schulwesen entweder ganz und gar vernachläſſigen oder es ungenügend verwalten. Ueberdies arbeitet, **und von daher droht die größte Gefahr, eine Macht, deren Oberhaupt in Rom iſt**, ohne Unterlaß **gegen das Freiſchulenſyſtem** und gebraucht nicht ſelten, wie unlängſt wieder Father Scully in Cambridgeport, Maſſ., bewieſen hat, jegliches Mittel, das einer fanatiſchen Prieſterſchaft zur Verfügung ſteht, um die Gläubigen gegen die öffentlichen Schulen zu hetzen und zu verhindern, daß ſie dieſen ihre Kinder anvertrauen. Auch auf Theilung des Schulfonds haben es die Römlinge abgeſehen, um die Gelder ihren Privatſchulen zuzuwenden. Dieſe Agitation iſt wohl organiſirt, und wer die römiſche Hierarchie kennt, weiß, **daß ſie konſequent ihre Pläne verfolgt, mögen zur Erreichung des Ziels auch Generationen vergehen.** Es liegt im Weſen des Katholizismus, der ſich für die einzig wahre Religion hält, begründet, daß er Alles, was nicht katholiſch iſt, verurtheilt, verfolgt und zu vernichten ſucht. Die Kirche weiß: Wem die Jugend gehört, gehört die Zukunft, und ſie will daher die Schule beherrſchen. Schulen, in denen kein **katholiſcher** Religionsunterricht ertheilt wird, ſind ihr ein Gräuel. Die katholiſche Kirche iſt überall duldſam, wo ſie weiß, daß ſie ſelbſt nur geduldet iſt; wo ſie aber ihres Erfolges ſicher zu ſein glaubt, wenn ſie mit ihren ungeheuren Machtmitteln gegen ihr verhaßte Inſtitutionen des **modernen** Staats- und Kulturlebens vorgeht, da entfaltet ſie als ecclesia militans ihre Streitkräfte; an Stelle der paſſiven Religion der Duldung und Nächſtenliebe tritt die herrſchſüchtige Hierarchie und der kirchliche Fanatismus, welcher Bannſtrahlen ſchleudert und die Sakramente verweigert, damit das gläubige Gemüth eingeſchüchtert, zum Verrath am Vaterlande aufgehetzt und zum Haſſe gegen die beſten Schöpfungen eines nationalen Geiſtes ſowie gegen das Kulturwerk des eigenen Volkes entflammt werde. Die katholiſche Kirche hat in den letzten Jahrzehnten in den Vereinigten Staaten bedeutend an Macht gewonnen, weil einerſeits die Einwanderung iriſch- und deutſchkatholiſcher, böhmiſcher und polniſcher Elemente ununterbrochen andauerte, und weil ſich andererſeits die Irländer, Deutſch-Katholiken und Slaven raſcher vermehren, als irgend eine andere Bevölkerungsklaſſe. Schon jetzt gibt es viele Ortſchaften, ja ganze Diſtrikte, in welchen keine öffentlichen Schulen, ſondern nur katholiſche Pfarrſchulen exiſtiren, und ſollte es erſt in einem Staate ſo weit kommen, daß die Legislatur der Mehrzahl nach aus Katholiken beſteht, dann wird von Seiten der katholiſchen Kirche ganz gewiß der Verſuch gemacht werden, an dem Grundgeſetze, das öffentliche Schulweſen betreffend, zu rütteln. Es beſteht zwiſchen den Dogmen und Lehrſätzen der katholiſchen Kirche und unſeren freiſinnigen Institutionen, zu denen in erster Linie die "Public Schools" gehören, ein "irrepressible conflict," und Grant hat mit scharfem Blicke vorausgesehen, was da kommen wird, als er am 9. September 1875 zu Des Moines bei Gelegenheit der "Reunion of the Army of the Tennessee" die Nation ermahnte, w a c h s a m zu sein! Seitdem hat die republikanische Partei diese Angelegenheit zu der ihrigen gemacht und strebt dahin, daß das öffentliche Schulsystem über das ganze Land verbreitet, überall befestigt und verbessert werde; zugleich wird sie aber auch dafür sorgen, daß jeder Angriff sofort zurückgeschlagen werde, der auf die Schädigung oder gar Zerstörung der öffentlichen Schulen gerichtet ist.

Von größter Wichtigkeit für das nationale Einigungswerk ist auch die Anbahnung einer gemeinsamen R e c h t s o r d n u n g und eines einheitlichen R e c h t s v e r f a h r e n s in allen Staaten der Union, um der heillosen Wirthschaft ein Ende zu machen, die jetzt darin herrscht; ferner der Erlaß eines B a n k e r o t t g e s e t z e s und anderer Maßregeln, welche den „Verkehr zwischen den Einzelstaaten regeln." Es gibt also der Aufgaben genug, welche eine n a t i o n a l e Partei, mag sie nun „republikanisch" oder wie immer heißen, zu lösen hat, und deren Lösung bei der rapiden Entwickelung der Vereinigten Staaten zu einem mächtigen Einheitsstaate dringend geboten ist.

Bevor wir den Gipfel eines Berges verlassen, von dem aus wir eine weite Fernsicht genossen, lassen wir noch einmal unser Auge in die Runde schweifen, um vor dem Scheiden das Gesammtbild recht fest in uns aufzunehmen. So will denn auch ich, bevor ich mich von meinen Lesern verabschiede, das Bild der gegenwärtig herrschenden politischen Verhältnisse dieses Landes noch einmal fixiren. Gerade so wie vor hundert Jahren stehen sich auch heute zwei Hauptparteien gegenüber, deren Energien nach entgegengesetzten Richtungen auseinander gehen. Während jedoch zur Zeit Hamilton's und Jefferson's die d e z e n t r a l i s t i s c h e, auf die Selbständigkeit und Oberherrlichkeit der S t a a t e n abzielende Energie die s t ä r k e r e war, ist jetzt die z e n t r a l i s t i s c h e oder nationale Energie die m ä c h t i g e r e und übt bereits einen d o m i n i r e n d e n Einfluß in allen politischen Angelegenheiten aus.

Als z. B. am 25. Juni 1787 der Kongreß über eine von den Zentralisten eingebrachte Resolution, welche verlangte, daß eine „N a t i o n a l R e g i e r u n g" geschaffen werde, abzustimmen hatte, wurde das von den Partikularisten eingebrachte Amendement, das Wort „N a t i o n a l" auszustreichen und dafür „U n i t e d S t a t e s" zu setzen, m i t g r o ß e r M a j o r i t ä t a n g e n o m m e n. Am 18. August 1787 machten die Zentrali=

ften abermals Anstrengungen, ihren Prinzipien Geltung zu verschaffen, und legten im Kongresse eine Anzahl Resolutionen vor, welche beabsichtigten, der Z e n t r a l r e g i e r u n g die folgenden Rechte einzuräumen:

1. In Fällen, wo es das öffentliche Wohl erheische und die Autorität der Staaten nicht ausreiche, Freibriefe an Gesellschaften zu ertheilen.

2. Eine Universität zu errichten.

3. Durch geeignete Preise und Vergütungen nützliches Wissen und Entdeckungen zu ermuthigen und zu befördern.

4. Patente für nützliche Erfindungen zu verleihen.

5. Autoren ausschließliche Rechte zu sichern.

6. Oeffentliche Institutionen, Belohnungen und besondere Begünstigungen einzuführen, um die Bodenkultur, den Handel und die Industrie zu fördern.

Alle diese Vorschläge wurden mit Ausnahme eines einzigen z u r ü c k - g e w i e s e n, weil man der Vereinigten Staaten Regierung keine Machtbefugnisse ertheilen w o l l t e, welche von den „souveränen Staaten" ausgeübt werden konnten. Also damals wollte der Partikularismus gewisse Einrichtungen den souveränen Staaten vorbehalten, und weil damals die Partikularisten die s t ä r k e r e Partei bildeten, trägt der V e r f a s s u n g s - K o m p r o m i ß von 1789 das Gepräge der Dezentralisation an sich. Der Schwerpunkt lag in den Staaten, nicht im Zentrum. Die zur Peripherie hinwirkende Kraft drängte die Massen vom Mittelpunkte weg. Dieser war nur eine Form ohne Wesenheit, die Zentralregierung stand unter dem Drucke der Staatsregierungen. Noch heute wählen die Staaten und nicht das Volk den Präsidenten; noch heute senden die Staaten und nicht das Volk die Senatoren in den Kongreß, und noch heute haben die Staaten ihre eigenen, vielfach von einander abweichenden Wahlgesetze für die Abgeordneten des Repräsentantenhauses. Die S t a a t e n, d. h. mittelbar durch den Senat, schließen in Gemeinschaft mit dem Präsidenten Verträge ab, und der Präsident kann keinen Gesandten, keinen Bundesrichter wie überhaupt keinen Beamten o h n e Z u s t i m m u n g d e s S e n a t s ernennen. Zwei Drittel aller Staaten können eine Konvention berufen, aber nicht zwei Drittel des Volkes; drei Viertel der Staaten können die Konstitution ändern, aber nicht drei Viertel des Volkes; kurzum, die Demokraten haben Recht, wenn sie sagen, daß die Konstitution der Vereinigten Staaten die Macht in die S t a a t e n und nicht in die Zentralregierung legte, daß die Konstitution überhaupt von einem konsolidirten Volke mit einer N a t i o - n a l - R e g i e r u n g nichts wisse, und daß daher alle Bestrebungen, welche die unter der Konstitution bestehende Regierungsform zu ändern trachten, verfassungswidrig und revolutionär seien. Die Demokraten kämpfen für Aufrechthaltung der Konstitution, an deren Buchstaben sie sich klammern und zu deren Vertheidigung sie den Geist Madison's und Jefferson's heraufbeschwören; sie glauben noch heute, wie vor hundert Jahren, an das Recht der Nullifikation und Sezession, wenn die Zentralregierung usurpirte Machtbefugnisse durchzusetzen sucht, und meinen damit die Freiheit zu vertheidigen, weil einst die Väter der Republik, die auf Konservirung ihrer Staaten-Sonderrechte bedacht waren, mit dem Schlagworte „Die Freiheit ist in Gefahr", die Zentralregierung zu schwächen und die eigenthümlichen, aus der Kolonialperiode herübergenommenen Institutionen der einzelnen Staaten, wie z. B. die Sklaverei, zu festigen suchten. Aber seit jener Zeit sind hundert Jahre verflossen. Wie damals aus den Kolonisten ganz spezifisch New Yorker, Pennsylvanier oder Virginier Staatsbürger wurden, welche die Eigenthümlichkeiten ihrer politischen und gesellschaftlichen Organisationen mit Eifer zu wahren suchten, so sind seitdem aus den New Yorkern, Pennsylvaniern und Virginiern Amerikaner geworden, die in den Vereinigten Staaten Ein Land und in ihren Bewohnern Eine Nation sehen. Die Grenzen zwischen den Staaten haben sich verwischt, der ungeheure Verkehr auf den vielverzweigten Kommunikationswegen hat die Schranken zwischen den einzelnen Landestheilen und ihrer Bevölkerung niedergebrochen, und die Einwanderungsfluth, welche seit Dezennien in's Land strömt, hat viel dazu beigetragen, die Unionsidee zu kräftigen, denn die Deutschen und Skandinavier, die Irländer und Slaven, welche in dieses Land kommen, sehen in den Staaten nicht die souveränen Gebilde der demokratischen Doktrinäre, sondern nur Provinzen wie in Preußen, Shires wie in England, Stifter und Landschaften wie in Norwegen und Schweden, Departements wie in Frankreich, oder Kantone wie in der Schweiz; sie sehen nur Ein großes Staatswesen, das sich Vereinigte Staaten nennt und dessen Flagge das Sternenbanner ist. Die Eingewanderten wollen Amerikaner und nicht Wisconsiner oder Illinoiser werden, und sind stolz darauf, dieser freien, großen und mächtigen Republik als Bürger anzugehören. Der nationale Geist, der das Volk aus den Banden der Sklavokratie befreit hat, läßt sich nicht mehr bannen und er lockert allmählich auch die Fesseln, in welche eine im Geiste eines anderen Jahrhunderts geschriebene Konstitution den Fortschritt geschlagen. Noch sind diese Fesseln nicht gefallen. Der Bürgerkrieg hat zwar die Sklaverei aufgehoben, aber an den Grundsätzen der Konstitution hat er nur leise gerüttelt. Man hat zwar an die Verfassung einige Lappen angeflickt, aber die Demokratie kann nach wie vor aus ihr das Recht der Nullifikation ableiten und vertheidigen, ohne sich eines Verraths schuldig zu machen. Aber der Geist der Zeit arbeitet unablässig an der Verwirklichung des Einheitsstaates und zerbröckelt allmählich das Gemäuer des demokratisch-partikularistischen Staatsgebäudes. Immer mehr lichten sich die Reihen der Demokraten und füllen sich die Schaaren der Republikaner, denn der Angloamerikaner, welcher die Geschichte des Landes kennt, huldigt mit Vorliebe der nationalen Idee; ein großer Theil der Kaufmannsschaft, der einst demokratisch gesinnt war, wendet sich in Folge der Finanzpläne und anderer Thorheiten der greenbackerisch-demokratischen Störenfriede den Republikanern zu; Arbeiter, die in den zumeist von Republikanern betriebenen Fabriken Beschäftigung finden, folgen der Politik ihrer Brodherren; Alt-Lutheraner, die stets treu zur Fahne der Demokratie gestanden, fallen ab, weil sie sich mit den Römlingen nicht vertragen können; die Skandinavier, welche seit Jahren massenhaft in's Land strömen, schließen sich Mann für Mann der republikanischen Partei an; die alten Bourbonen sterben aus, und das junge Volk, das zur Zeit des Bürgerkrieges auf den Schulbänken saß, Unionslieder sang und gegen die Rebellen zwitscherte ist jetzt majorenn und st i m m berechtigt geworden und begeistert sich fast ohne Ausnahme für die Partei, welche die Union erhalten, in Schlachten gesiegt und Ruhm und Lorbeeren geerntet hat. Ziehen wir ferner noch in Erwägung, daß die Lehren der republikanischen Partei gestaltend auf die Zukunft einwirken, voll Schaffensdrang und Lebenskraft sind, daher das nach Veränderung, nach Aufsehen, Macht und Glanz lüsterne Volk mit sich fortreißen, während die Lehren der Demokraten mit ihren trockenen, den Volksmassen unverständlichen Erörterungen über die Machtbefugnisse der Staaten, die usurpirten Rechte der Zentralregierung etc. das Volk nicht zu erwärmen, den Jüngling nicht zu begeistern vermögen, ja daß überhaupt die Demokratie dazu verurtheilt ist, das Veraltete zu vertheidigen und daher ihre hervorragendsten Männer nur zur D e f e n s i v e verwenden kann, während die republikanische Partei zum Angriffe vorgeht und ihre tüchtigsten Kräfte mit dem Paniere des Fortschritts allen voraus in den Kampf schickt, damit das Neue werde und das Alte falle: dann werden wir, sofern wir dies Alles bedenken, unsere Meinung dahin aussprechen, daß die Zukunft dem n a t i o nalen Prinzipe gehört. Bleibt die republikanische Partei diesem Prinzipe treu und sucht sie ohne Ueberstürzung, d. h. erst nach gehöriger Vorbereitung der Volksmassen, eine nationale Aufgabe nach der anderen zu lösen, dann wird ihr für eine lange Zeitperiode das Vertrauen geschenkt und die Ehre zu Theil werden, die Geschicke dieses Landes zu leiten.

Von dem Resultate der letzten Wahlen läßt sich bereits mit ziemlicher Sicherheit darauf schließen, daß die Präsidentenwahl im November 1880 republikanisch ausfallen wird. Freilich steht ein völlig geeinigter Süden mit 138 Elektoralstimmen dem nicht ganz geeinigten Norden gegenüber, und es bedarf nur der 35 Elektoralstimmen des Staates New York, sowie der 15 von Indiana, um den demokratischen Präsidentschaftskandidaten zu erwählen. Aber die Aussichten hiefür sind keineswegs günstig. Bei der letzten Präsidentenwahl allerdings erhielt der Demokrat Tilden sowohl New York wie Indiana; aber die Volksströmung hat, wie wir gesehen haben, in den letzten Jahren und ganz besonders seit der Extrasitzung des 46. Kongresses eine Richtung eingeschlagen, die der republikanischen Partei fortwährend neue Anhänger zuführt und die nationale Energie immer mehr kräftigt. Bei der nächsten Präsidentenwahl den Staat New-York zu gewinnen dürfte daher der republikanischen Partei nicht schwer fallen, falls sie keinen Mann für die Präsidentschaft nominirt, der, wie z. B. Conkling, viele republikanische Stimmgeber jenes Staates zu Gegnern hat. Mit irgend einem Manne an der Spitze, aus dessen Vergangenheit man ersehen kann, daß er stets treu zum nationalen Prinzipe gestanden hat, und dessen Charakter die Bürgschaft bietet, daß er die Angelegenheiten des Landes im nationalen Sinne leiten und die Reformforderungen der Partei erfüllen werde, wird die republikanische Partei siegreich aus dem nächsten nationalen Wahlkampfe hervorgehen, mag dieser Mann nun Sherman, Blaine, Grant, Washburn (der sich bei den Deutschen einer besonderen Beliebtheit erfreut) oder wie immer heißen. Ist dann die Wahlschlacht vorüber und sieht die Demokratie, daß die fünfzehn südlichen Staaten mit ihren 138 Elektoralstimmen mutterseelenallein den sämmtlichen dreiundzwanzig nördlichen und westlichen Staaten mit 231 Elektoralstimmen gegenüber stehen, dann wird im demokratischen Lager selbst ein Konflikt ausbrechen, der sich als unheilbar erweisen wird. Die große demokratische Partei, welche den 46. Kongreß beherrscht und anscheinend in sich einig ist, wird zerfallen, und zwar zuerst in zwei Hälften, in die südliche und in die nördliche, die sich gegenseitig beschuldigen werden, den Ruin der Partei herbeigeführt zu haben. Dieser Zersetzungsprozeß wird nicht nur der republikanischen Partei frische Elemente zuführen, sondern auch die Bildung neuer Parteien, die sich unter einander befehden und nach extremen Richtungen auseinandergehen werden, zur Folge haben. Gleichzeitig tritt dann für die nationale Partei die Periode ungestörter Wirksamkeit ein. Durch keinen mächtigen

Gegner in Schach gehalten, wird sie am Einigungswerke ruhig weiter bauen, an der Organisirung nach Haupt und Gliedern weiter arbeiten können. Dann wird auch die schon jetzt von Vielen gewünschte und vom Präsidenten Hayes ganz besonders befürwortete Zivildienstreform, welche bisher ein todter Buchstabe geblieben ist, durchgeführt werden können, ohne die Partei, welche dieses wichtige Reformwerk vollbringt, der Gefahr auszusetzen, vom mächtigen Gegner aus der dominirenden Stellung vertrieben zu werden. Denn wenn es mit dem Verrath an der Partei gleichbedeutend wäre, die republikanischen Bundesbeamten zu einer Zeit von einer regen politischen Thätigkeit abzuhalten, da die gegnerische Partei nahe daran ist, die Präsidentschaft zu erobern, und thatsächlich beide Häuser des Kongresses beherrscht, so wäre es auch ein Beweis innerer Fäulniß, wenn die nationale Partei, sobald ihre Machtstellung eine völlig gesicherte ist, ihre Beamten nicht strenge zur Erfüllung ihrer Pflicht anhalten, ihnen jede Einmischung in den politischen Wahlmechanismus untersagen und die Ernennungen und Beförderungen nicht auf Grund von Fähigkeit und Pflichttreue, sondern der geleisteten Parteidienste wegen vornehmen würde.

Die in ihren Prinzipien gesunde, aber in einzelnen administrativen Theilen korrupte republikanische Partei ist für das Land noch immer besser, als die demokratische Partei, deren Prinzipien veraltet und destruktiv sind, und die auch keine Garantie bietet, daß sie, wenn zur Herrschaft berufen, weniger korrupt sein würde. Im Gegentheil. Die demokratische Partei hat in den letzten Jahren, dort wo sie Munizipien und Staaten beherrschte, keineswegs den Beweis geliefert, daß sie mehr als die republikanische Partei bestrebt war, bei Wahlen die tüchtigsten Männer auszulesen, die Aemter mit vertrauenswürdigen und fähigen Beamten zu besetzen und Reformen einzuführen, wo solche nothwendig waren. Wir haben ein Recht, von ihrer administrativen Thätigkeit in den Gemeinden, Counties und Staaten auf ihr Verhalten in der Landesadministration zu schließen, wenn sie das Volk zu dieser berufen würde, also ein Recht, mißtrauisch zu sein, ganz abgesehen davon, daß wir ihr aus den bereits angeführten politischen Gründen diese Herrschaft überhaupt nicht anvertrauen dürfen.

Die nationale Partei wird das amerikanische Volk groß und mächtig machen und es auf die Stufe der Kultur emporheben, die es vermittelst des allgemein menschlichen Fortschrittes und seiner eigenen Energie erreichen kann. Dann aber wird die Partei ihre Aufgabe gelöst und das Volk seinen Höhepunkt erreicht haben, auf dem es sich, wenn sein Kern gesund geblieben, Jahrhunderte erhalten mag.

„Meine besten Kräfte," hat einst John C. Calhoun gesagt, „werde ich daran setzen, dem großen konservativen Prinzip der Staatensouveränetät das Uebergewicht über die gefährliche, despotische Doktrin der Konsolidation zu verschaffen."

Wir aber wollen unsere besten Kräfte daran setzen, dem großen Lebensprinzipe der n a t i o n a l e n O r g a n i s a t i o n das Uebergewicht über die unionsgefährliche und fortschrittsfeindliche Doktrin der Staatensouveränetät zu verschaffen, und rufen mit Begeisterung:

"The United States shall be a Nation!"

Inhalts-Verzeichniß.

I. Allgemeine Erörterungen.
II. Entstehung der Union.—Charakter der Verfassung.—Fremden- und Aufruhr-Gesetze—Virginia- und Kentucky-Resolutionen. - Zunehmende Stärke der demokratischen Partei.
III. Die Politik der Südstaaten — Thomas Jefferson. — Sklavenflüchtlings-Gesetz.—Der Missouri-Kompromiß.
IV. Der Tarifstreit —Georgia und die Zentral-Regierung. — Calhoun und seine Lehre.—Andrew Jackson.—Die Nullifikationsakte von South Carolina.
V. Die Abolitionisten.—Abwehrbestrebungen des Südens. - Die wirthschaftliche Krisis.—Van Buren und das unabhängige Schatzamt.—Zerfall der Whig Partei.
VI. Die Annexion von Texas. — Der Abolutionismus und die Kirchen. — Knebel-Gesetze.—Koalation der Baumwollenstaaten.—Der Kompromißakt von 1850.—Die Kansas- und Nebraska-Bill.
VII. Gründung der republikanischen Partei. — Vorgänge in Kansas. — Die Präsidentenwahl im Jahre 1856. — Der "Irrepressible Conflict." — Die Parteien im Jahre 1860.—Sezession.—Abraham Lincoln.—Wieder-Aufnahme der Rebellenstaaten in die Union.
VIII. „Grantismus". — „Liberal-Republikanismus". - Die demokratische Partei gewinnt Oberwasser.—Der Krach von 1873 und seine Folgen. — Greenbackler und Sozialisten. — Ehrliches Geld und ehrliche Verwaltung. — Die Präsidentenwahl im Zentennialjahre.
IX. Das Schiedsgericht. Sieg der Republikaner. Pazifikation des Südens.— Wiederkehrende Prosperität. — Eine Extrasitzung des 46. Kongresses.
X. Ziele der nationalen Partei.—Die Eisenbahnfrage. — Die öffentliche Schule. Unterscheidende Merkmale der beiden Hauptparteien.—Ursachen des Zerfalles der demokratischen Partei.—Ausblick in die Zukunft.-- Schluß.

Die Zwei Hauptparteien

in den

Vereinigten Staaten.

Ihre Geschichte und ihre Lehre.

Eine historisch-kritische Darstellung

von

Joseph Brucker.

Milwaukee.
Druck und Verlag von Geo. Brumder,
1880.

Von demselben Verfasser sind im Verlage von J. H. Yorger & Sons, Milwaukee, Wis., bisher erschienen und durch die Buchhandlung von **Georg Brumder** zum Preise von à 10 Cents zu beziehen:

Vorträge

über die

Entwicklungs-Geschichte

des

Volkes der Ver. Staaten von Nord-Amerika.

Inhalt des 1. Vortrags: Allgemeines. — Entstehung der Kolonien. — Ursprung und Charakteristik der Parteien. — Stimmung nach dem Pariser Frieden und zur Zeit der Einführung der Stempelgesetze.

Inhalt des 2. Vortrags: Herausbildung eines amerikanischen National-Charakters. — Der Widerstand gegen die Stempelsteuer. — Schwäche der englischen Regierung. — Einfluß französischer Encyklopädisten auf den Lostrennungsprozeß — Die Amerikaner werden gegen ihren Willen zur Revolution gedrängt — Die Bostoner Theegesellschaft. — Zusammentritt des ersten Kontinental-Kongresses.

Inhalt des 3. Vortrags: Der erste Kontinental-Kongreß. — Die Kompromiß-Politik der Amerikaner. — Scheiterung aller weiteren Vermittlungsversuche, welche den Bruch mit England vermeiden sollten. — Der bewaffnete Widerstand wird organisirt. — Lexington. — Der zweite Kontinental-Kongreß. — Der unentschlossene Charakter desselben — Bunker Hill. — Kopflosigkeit des englischen Ministeriums. — Neujahr 1776.

Diese Vorträge, welche nicht nur von Seiten der Milwaukee'r Journalistik, sondern in der ge sammten deutsch-amerikanischen Presse die günstigste Beurtheilung erfahren haben, bilden eine Art Einleitung zu des Verfassers neuester Schrift: „Die Zwei Hauptparteien in den Vereinigten Staaten", und sind daher allen Denjenigen, welche sich für die Entwicklung unseres Volkes in der K o l o n i a l p e r i o d e interessiren, bestens zu empfehlen.

LIBRARY OF CONGRESS

029 809 792